westermann

Addieren und Subtrahieren

Erarbeitet von

Judith Beerbaum, Anja Göttlicher,
Sarah Pfleger, Britta Wettels
und Stephanie Zippel

in Zusammenarbeit mit der
Westermann-Grundschulredaktion

Unter Beratung von

Henrieke Peter

Illustriert von

Angelika Citak, Heike Heimrich,
Gabie Hilgert und Karoline Kehr

Flex und Flo
Mathematik

3

Zeichenerklärung

 Du löst alle Aufgaben in deinem Heft. Hier findest du ein Beispiel für den Hefteintrag.

 Male/Zeichne mit der entsprechenden Farbe in dein Heft.

 Benutze Material.

 Bearbeite die Aufgabe in Partnerarbeit.

Mathekonferenz: Tausche dich mit anderen Kindern über deine Ideen, deine Vorgehensweise oder deine Ergebnisse aus.

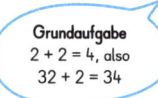 Hier steht ein neues Fachwort.

Hier steht ein neues Fachwort oder ein neues Beispiel, wie du über Mathematik sprechen kannst.

 Verweis auf weitere Übungen auf den angegebenen Seiten im Flex und Flo Arbeitsheft 3 (Ausgabe 2021)

 Verweis auf passenden Diagnosetest im Flex und Flo Diagnoseheft 3 (Ausgabe 2021)

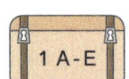 Verweis auf passende herausfordernde Aufgaben in der Flex und Flo Entdeckerkartei 3 (Ausgabe 2021)

 Verweis auf passende interaktive Übungen

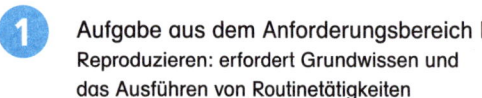 Aufgabe aus dem Anforderungsbereich I
Reproduzieren: erfordert Grundwissen und das Ausführen von Routinetätigkeiten

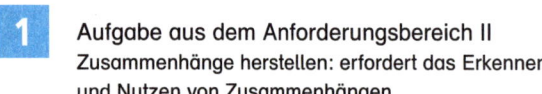 Aufgabe aus dem Anforderungsbereich II
Zusammenhänge herstellen: erfordert das Erkennen und Nutzen von Zusammenhängen

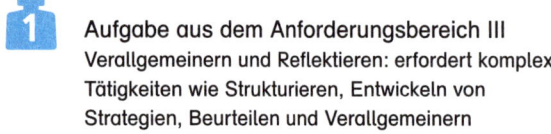 Aufgabe aus dem Anforderungsbereich III
Verallgemeinern und Reflektieren: erfordert komplexe Tätigkeiten wie Strukturieren, Entwickeln von Strategien, Beurteilen und Verallgemeinern

 Einführung von Fachwörtern oder Redemitteln
Eine Sammlung der im Heft eingeführten Fachwörter und Redemittel zum Nachschlagen findet sich auf der letzten Doppelseite und der Beilage „Fachwörter und Redemittel 3".

 Medienbildung und Mathematiklernen verbinden
Anregung zur Bearbeitung mathematischer Lerninhalte mit digitalen Werkzeugen

 Tipp zur Verknüpfung der Themenhefte

Inhaltsverzeichnis

Wiederholung und Vertiefung

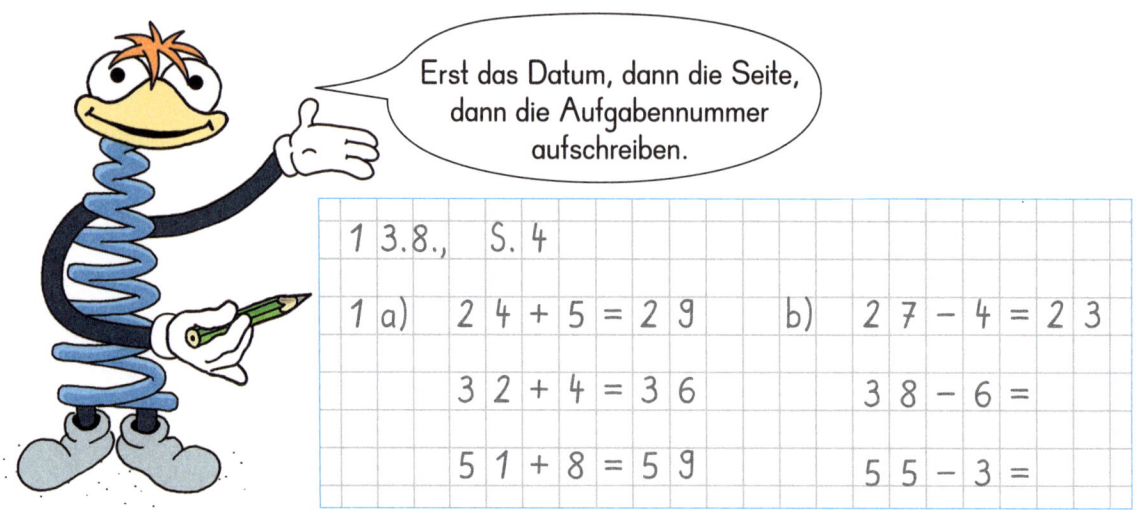

Erst das Datum, dann die Seite, dann die Aufgabennummer aufschreiben.

1	3.8.,		S.	4							
1 a)		2	4	+	5	=	2	9	b)	2 7 – 4 = 2 3
		3	2	+	4	=	3	6		3 8 – 6 =
		5	1	+	8	=	5	9		5 5 – 3 =

1 Schreibe die Aufgaben wie Flex in dein Heft.

a) 24 + 5　　　b) 27 – 4　　　c) 58 + 6　　　d) 42 – 5　　　e) 23 + 7
　 32 + 4　　　　 38 – 6　　　　 17 + 5　　　　 53 – 6　　　　 45 – 8
　 51 + 8　　　　 55 – 3　　　　 46 + 8　　　　 82 – 9　　　　 35 – 6

2 a) 42 + 10　　　b) 93 – 40　　　c) 75 – 50
　　 5 + 20　　　　 64 – 50　　　　 83 – 60
　　 63 + 30　　　 100 – 30　　　 51 + 30

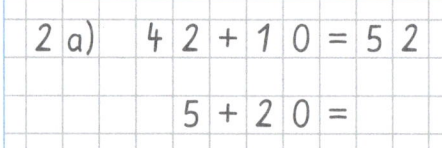

3 Rechne geschickt.

a) 27 + 8 + 3　　　b) 94 – 4 – 9　　　c) 43 – 6 + 7
　 35 + 5 + 9　　　　 87 – 8 – 7　　　　 28 + 2 – 6
　 82 + 7 + 8　　　　 48 – 6 – 8　　　　 61 – 5 + 9

4 Schreibe die Aufgaben in dein Heft.

4	a)	3	7	+	3	0	=	6	7

a)

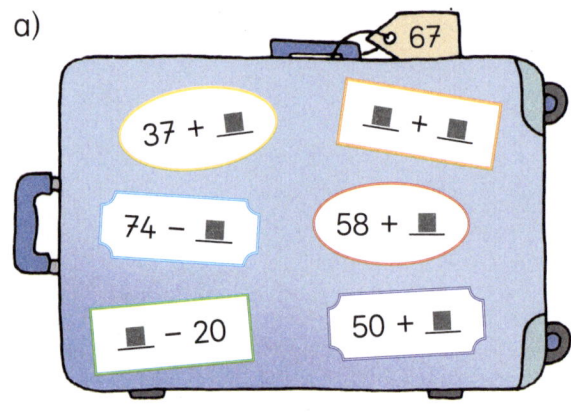

b)

5 Finde immer vier Aufgaben und schreibe sie in dein Heft.

a)

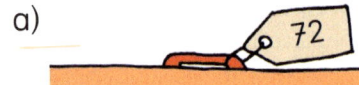

b)

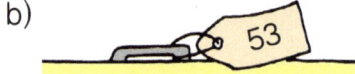

c)

4 Aufgaben dem Ergebnis entsprechend vervollständigen.

Wiederholung und Vertiefung

1 Berechne die Summe. Schreibe wie Flo.

a) 46 und 23   b) 65 und 34   c) 42 und 37   d) 24 und 71   e) 12 und 55

2 Berechne die Differenz. Schreibe wie Flex.

a) 63 und 52   b) 89 und 27   c) 76 und 23   d) 43 und 11   e) 99 und 15

3 Wie heißt die Zahl?

a) Addiere 20 zu der Zahl. Die Summe ist 74.

b) Subtrahiere 23 von der Zahl. Die Differenz ist 43.

c) Addiere 54 zu der Zahl. Die Summe ist 94.

4 Schreibe immer zwei passende Aufgaben dazu.
Welche Beschreibung passt zu welchem Päckchen? Ordne zu.

a)

A
13 + 42
14 + 42
15 + 42

B
24 + 31
24 + 41
24 + 51

① Die erste Zahl bleibt gleich.
Die zweite Zahl wird um 10 größer.
Die Summe wird um 10 größer.

② Die erste Zahl wird um 1 größer.
Die zweite Zahl bleibt gleich.
Die Summe wird um 1 größer.

b)

A
63 − 52
63 − 42
63 − 32

B
58 − 23
57 − 24
56 − 25

① Die erste Zahl wird um 1 kleiner.
Die zweite Zahl wird um 1 größer.
Die Differenz wird um 2 kleiner.

② Die erste Zahl bleibt gleich.
Die zweite Zahl wird um 10 kleiner.
Die Differenz wird um 10 größer.

AH S. 5

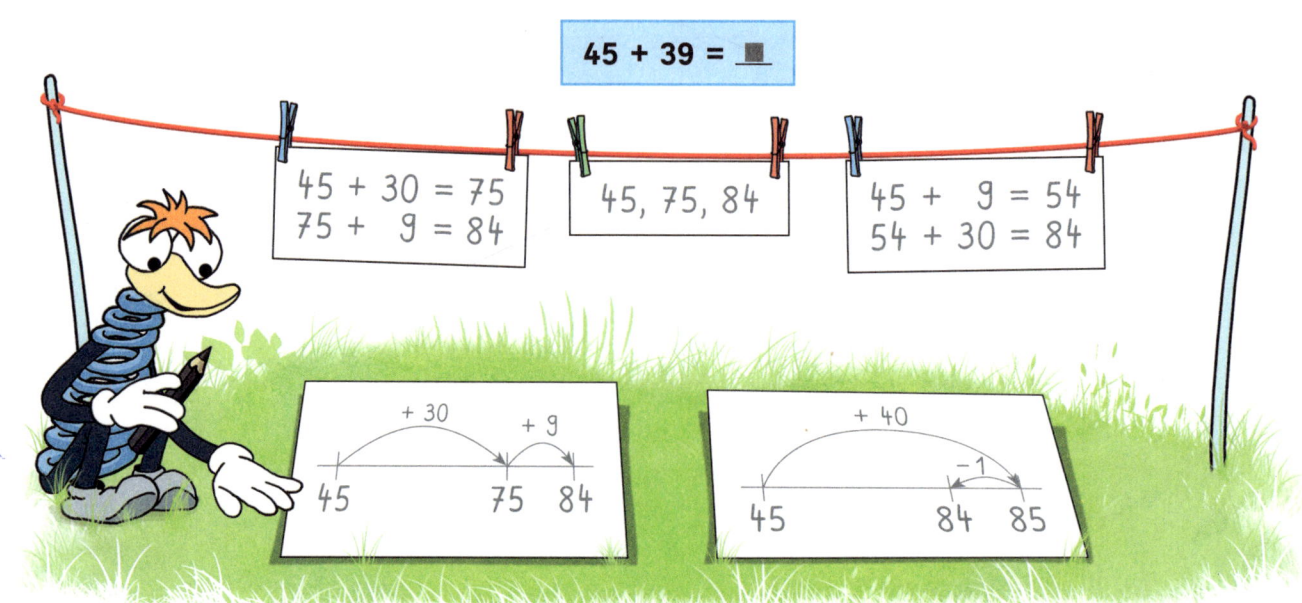

1 Rechne auf deinem Weg.

a) 45 + 39
   17 + 19
   42 + 18

b) 53 + 29
   43 + 38
   26 + 24

c) 27 + 64
   35 + 26
   59 + 17

d) 49 + 25
   37 + 37
   48 + 28

e) 53 + 39
   72 + 18
   46 + 47

2 Zeichne deinen Rechenweg am Rechenstrich.

a) 36 + 48
   57 + 35
   24 + 67

b) 58 + 37
   49 + 35
   66 + 26

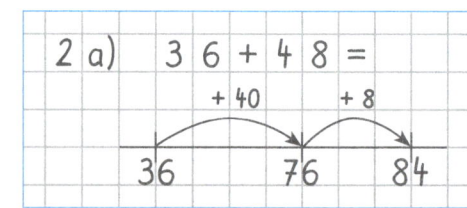

3 Welche Additionsaufgaben sind es?

a)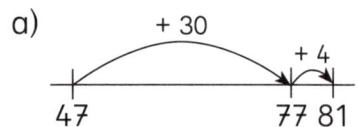

b)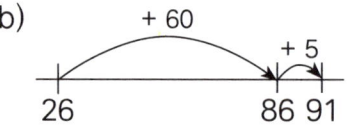

c)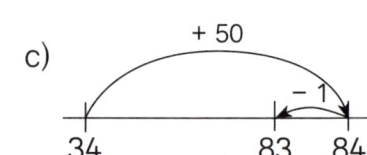

4 a) Schreibe immer zwei passende Aufgaben dazu.

A	B	C	D	E
16 + 25	23 + 68	24 + 26	37 + 46	62 + 16
16 + 35	33 + 58	24 + 27	38 + 46	62 + 18
16 + 45	43 + 48	24 + 28	39 + 46	62 + 20

b) Suche zwei Päckchen aus.
   Beschreibe sie.

Die erste Zahl …
Die zweite Zahl …
Die Summe …

Wiederholung und Vertiefung

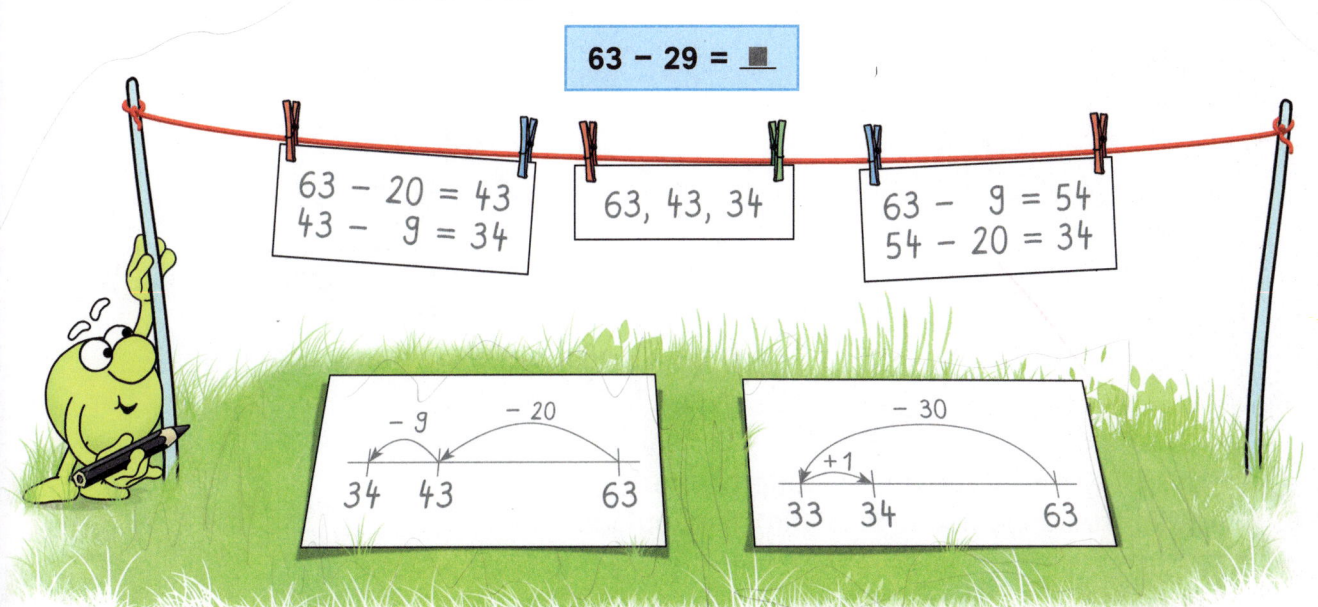

$$63 - 29 = \blacksquare$$

63 − 20 = 43
43 − 9 = 34

63, 43, 34

63 − 9 = 54
54 − 20 = 34

1 Rechne auf deinem Weg.

a) 63 − 29 ✓
   84 − 36 ✓
   53 − 39 ✓

b) 73 − 36
   92 − 43
   60 − 47 13

c) 70 − 27
   45 − 28
   34 − 19

d) 48 − 19
   91 − 63 28
   95 − 49

e) 72 − 44
   86 − 38
   73 − 56

2 Zeichne deinen Rechenweg am Rechenstrich.

a) 56 − 37
   74 − 35
   43 − 16

b) 64 − 29
   82 − 53
   93 − 28

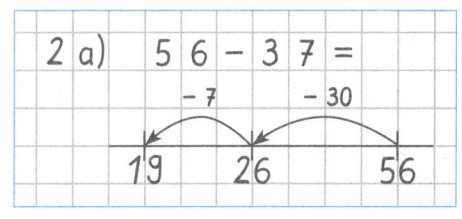

3 Welche Subtraktionsaufgaben sind es?

a)

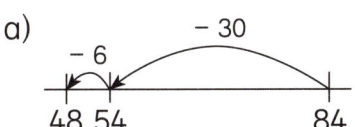

b)

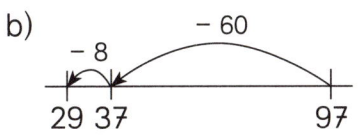

c)

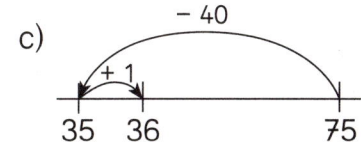

4 Welche Zahl musst du einsetzen?

a) 63 − $\blacksquare$ = 29
   54 − $\blacksquare$ = 27
   93 − $\blacksquare$ = 46

b) 92 − $\blacksquare$ = 43
   53 − $\blacksquare$ = 17
   48 − $\blacksquare$ = 19

c) 84 − $\blacksquare$ = 39
   74 − $\blacksquare$ = 26
   62 − $\blacksquare$ = 35

63 − $\blacksquare$ = 29
da rechne ich
63 − 29

5 Übertrage die Rechenmauern in dein Heft. Fülle sie aus.

a)
b)
c)

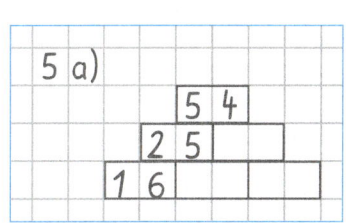

5 Blanko-Kopiervorlage mit Rechenmauern in der Handreichung/Bibox für Lehrer-/innen
➥ Wechsel ins Themenheft Sachrechnen und Größen, S. 4-6 möglich.

2 A-D
3 A-E   AH S. 7   7

Wiederholung und Vertiefung

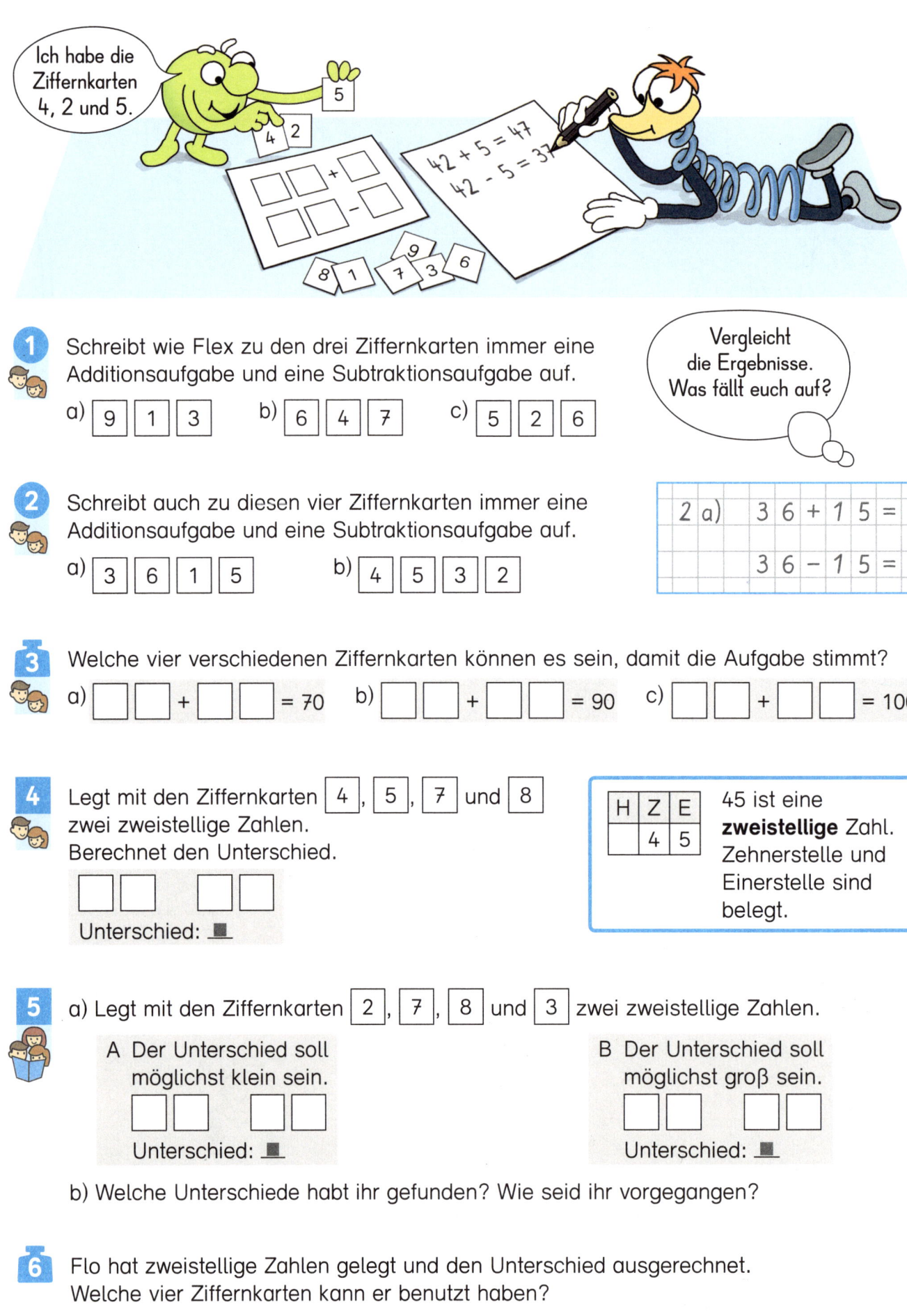

1 Schreibt wie Flex zu den drei Ziffernkarten immer eine Additionsaufgabe und eine Subtraktionsaufgabe auf.

a) 9 1 3   b) 6 4 7   c) 5 2 6

Vergleicht die Ergebnisse. Was fällt euch auf?

2 Schreibt auch zu diesen vier Ziffernkarten immer eine Additionsaufgabe und eine Subtraktionsaufgabe auf.

a) 3 6 1 5   b) 4 5 3 2

2 a) 3 6 + 1 5 =
   3 6 − 1 5 =

3 Welche vier verschiedenen Ziffernkarten können es sein, damit die Aufgabe stimmt?

a) ☐☐ + ☐☐ = 70   b) ☐☐ + ☐☐ = 90   c) ☐☐ + ☐☐ = 100

4 Legt mit den Ziffernkarten 4 , 5 , 7 und 8 zwei zweistellige Zahlen. Berechnet den Unterschied.

☐☐ ☐☐
Unterschied: ◼

H	Z	E
	4	5

45 ist eine **zweistellige** Zahl. Zehnerstelle und Einerstelle sind belegt.

5 a) Legt mit den Ziffernkarten 2 , 7 , 8 und 3 zwei zweistellige Zahlen.

A Der Unterschied soll möglichst klein sein.

☐☐ ☐☐
Unterschied: ◼

B Der Unterschied soll möglichst groß sein.

☐☐ ☐☐
Unterschied: ◼

b) Welche Unterschiede habt ihr gefunden? Wie seid ihr vorgegangen?

6 Flo hat zweistellige Zahlen gelegt und den Unterschied ausgerechnet. Welche vier Ziffernkarten kann er benutzt haben?

a) Unterschied 24   b) Unterschied 39   c) Unterschied 58   d) Unterschied 63

Wiederholung und Vertiefung

1 + 2 = 3
2 + 3 = 5
3 + 4 = ...
Die Summe ...

1	2	3	4	5	6	7	8	9	10
11	12	13	14	15	16	17	18	19	20
21	22	23	24	25	26	27	28	29	30
31	32	33	34	35	36	37	38	39	40
41	42	43	44	45	46	47	48	49	50
51	52	53	54	55	56	57	58	59	60
61	62	63	64	65	66	67	68	69	70
71	72	73	74	75	76	77	78	79	80
81	82	83	84	85	86	87	88	89	90
91	92	93	94	95	96	97	98	99	100

1 Addiert wie Flex immer zwei nebeneinander stehende Zahlen.
Seht euch die Summen an. Schreibt auf, was euch auffällt.

a) | 1 | 2 | | 2 | 3 | | 3 | 4 | | 4 | 5 | | 5 | 6 |

b) | 12 | 13 | | 13 | 14 | | 14 | 15 | | 15 | 16 | | 16 | 17 |

Die Summe wird ...

Die Summe ist immer ...

ungerade

gerade

2 Finde zwei nebeneinander stehende Zahlen, deren Summe

a) 39,   b) 67,   c) 71,   d) 93,   e) 99   ist.

3 Addiere immer zwei untereinander stehende Zahlen.
Was fällt dir hier auf?

a) | 11 | 12 | 13 | 14 | 15 |
| 21 | 22 | 23 | 24 | 25 |

b) | 31 | 32 | 33 | 34 | 35 |
| 41 | 42 | 43 | 44 | 45 |

4 Findet zwei untereinander stehende Zahlen, deren Summe

a) 58,   b) 96,   c) 28,   d) 66,   e) 100   ist.

Versucht es für andere Summen. Findet ihr für jede Summe die passenden Zahlen?

5 Flo hat einen Ausschnitt mit vier Zahlen ausgewählt und addiert immer
zwei Zahlen „über Kreuz". Was fällt dir auf?

a) | 7 | 8 |
| 17 | 18 |

7 + 18 = 25
17 + 8 = ■

b) | 12 | 13 |
| 22 | 23 |

c) | 44 | 45 |
| 54 | 55 |

Die Summe ist immer ...

6 a) Wähle selbst einen Ausschnitt mit vier Zahlen und addiere wie Flo.
b) Verschiebe den Ausschnitt um ein Feld nach unten. Wie verändert sich die Summe?

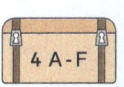

Hunderterzahlen bis 1000

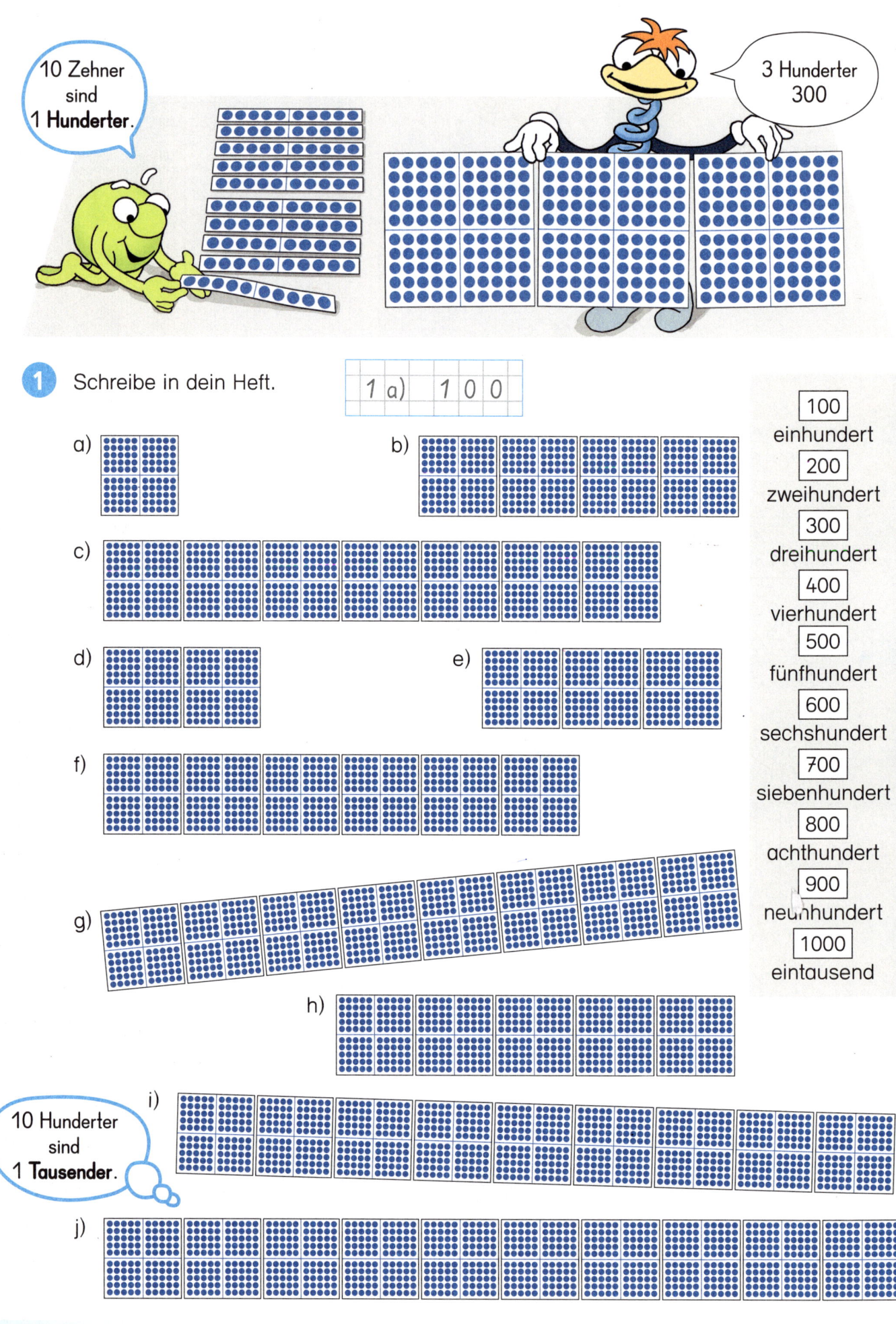

10 Zehner sind 1 Hunderter.

3 Hunderter 300

1 Schreibe in dein Heft.

| 1 | a) | 1 | 0 | 0 |

a)

b)

c)

d)

e)

f)

g)

h)

10 Hunderter sind 1 Tausender.

i)

j)

| 100 |
einhundert
| 200 |
zweihundert
| 300 |
dreihundert
| 400 |
vierhundert
| 500 |
fünfhundert
| 600 |
sechshundert
| 700 |
siebenhundert
| 800 |
achthundert
| 900 |
neunhundert
| 1000 |
eintausend

Rechnen mit Hunderterzahlen

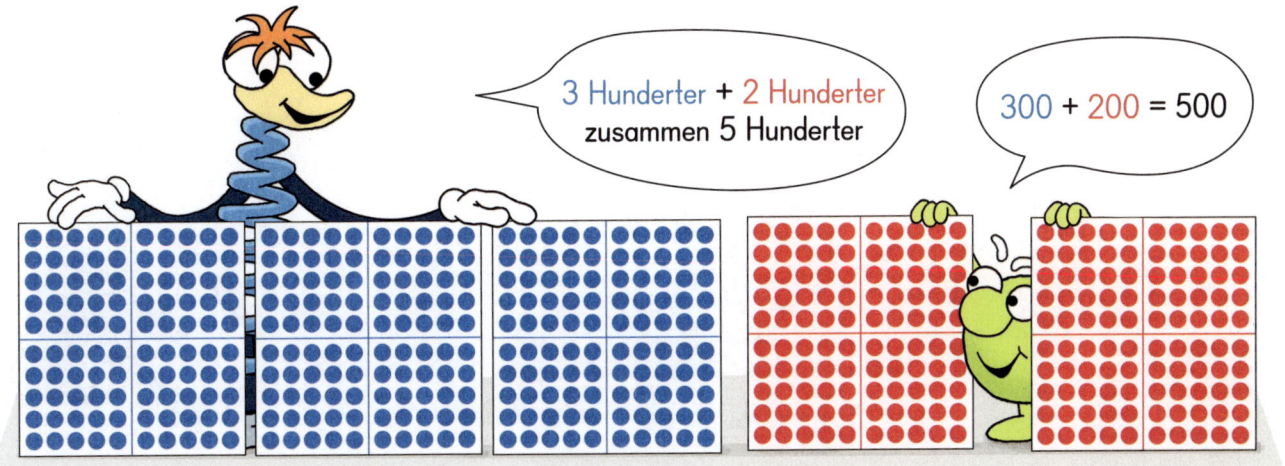

3 Hunderter + 2 Hunderter
zusammen 5 Hunderter

300 + 200 = 500

1

a)	b)	c)
100 + 100	100 + 300	400 + 200
200 + 200	400 + 500	500 + 300
300 + 300	200 + 300	600 + 200
400 + 400	300 + 500	700 + 100

1 a)	1 0 0 + 1 0 0 = 2 0 0
	2 0 0 + 2 0 0 =

2

a)	b)	c)	d)
1000 − 100	600 − 200	700 − 500	600 − 300
1000 − 300	400 − 100	500 − 400	500 − 300
1000 − 500	200 − 200	300 − 100	400 − 300

3 Finde für jede Zahl immer zwei weitere Zerlegungen. Schreibe in dein Heft.

3 a)	b)	c)
1 0 0 0	6 0 0	8 0 0
1 0 0 +	2 0 0 +	2 0 0 +
2 0 0 +	5 0 0 +	1 0 0 +
3 0 0 +	4 0 0 +	5 0 0 +

4 Von der Additionsaufgabe zur Multiplikationsaufgabe

a) 100 + 100 + 100 = ■ 300
  3 · 100 = ■ 300

b) 100 + 100 + 100 + 100 + 100 + 100 = ■ 600
  6 ■ · 100 = ■ 600

c) 100 + 100 + 100 + 100 = ■ 400
  4 ■ · 100 = ■ 400

d) 100 + 100 + 100 + 100 + 100 = ■ 500
  5 ■ · 100 = ■ 500

5 Immer 1000

a) 1000 = 100 + 100 + 100 + ■ 100 + ■ 100 + ■ 100 + ■ 100 + ■ 100 + ■ 100
  1000 = ■ 10 · 100

b) 1000 = 200 + 200 + ■ 200 + ■ 200 + ■ 200
  1000 = ■ 5 · 200

c) 1000 = 500 + ■ 500
  1000 = ■ 2 · 500

Bündeln

1 Wie viele Murmeln sind es?

a)
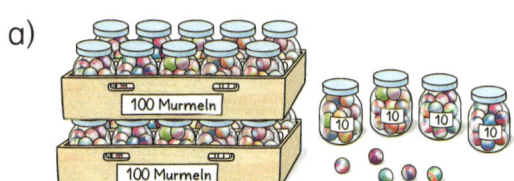

1 a)	T	H	Z	E				
		2	4	5				
		2 H	+	4 Z	+	5 E		
	2	0	0	+	4	0	+ 5 = 2 4 5	

b)

c)
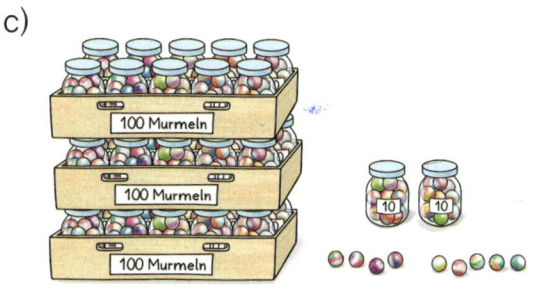

2 Wie viele Buntstifte sind es?

a)

b)

c)

d)

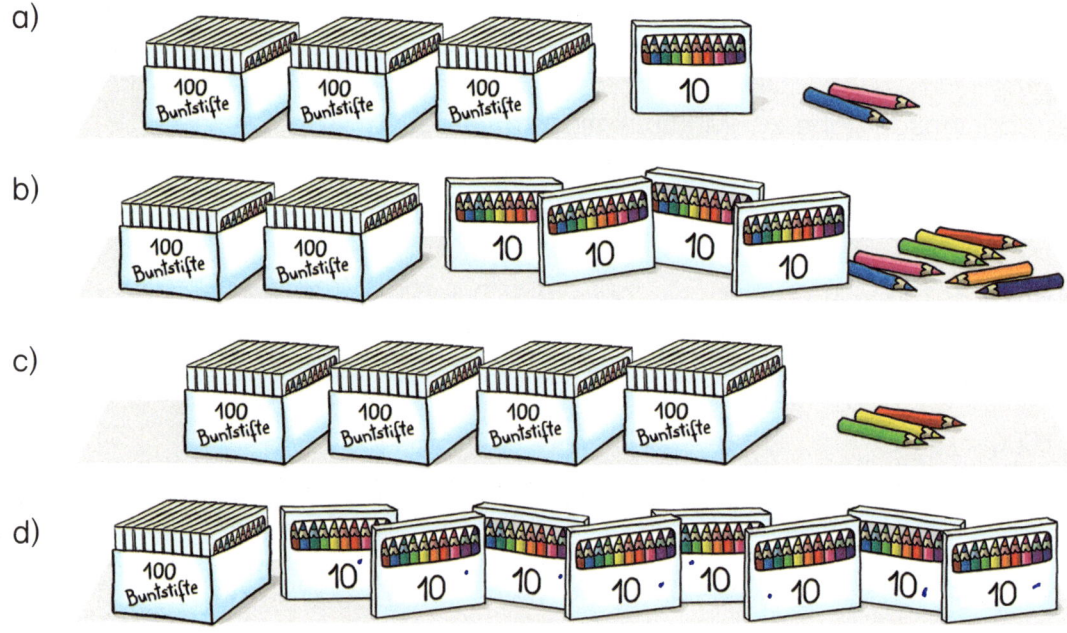

12

Zahlen bis 1000

1 Welche Zahl ist es?

a)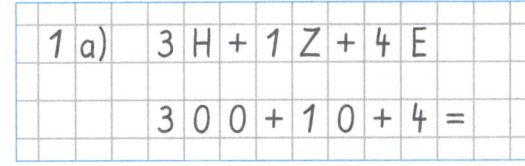

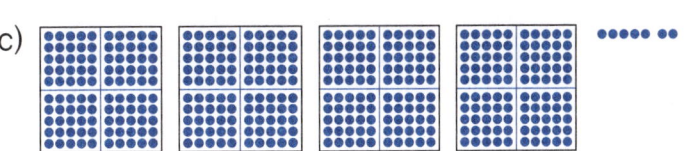

	1 a)	3	H	+	1	Z	+	4	E
		3	0	0	+	1	0	+	4	=

b)

c)

2 Lege die Zahlen. Dein Partnerkind prüft nach. Wechselt euch ab.

462   351   708   970   179   514   840   603

3 Flo hat diese Zahlen gezeichnet. Welche Zahlen sind es?

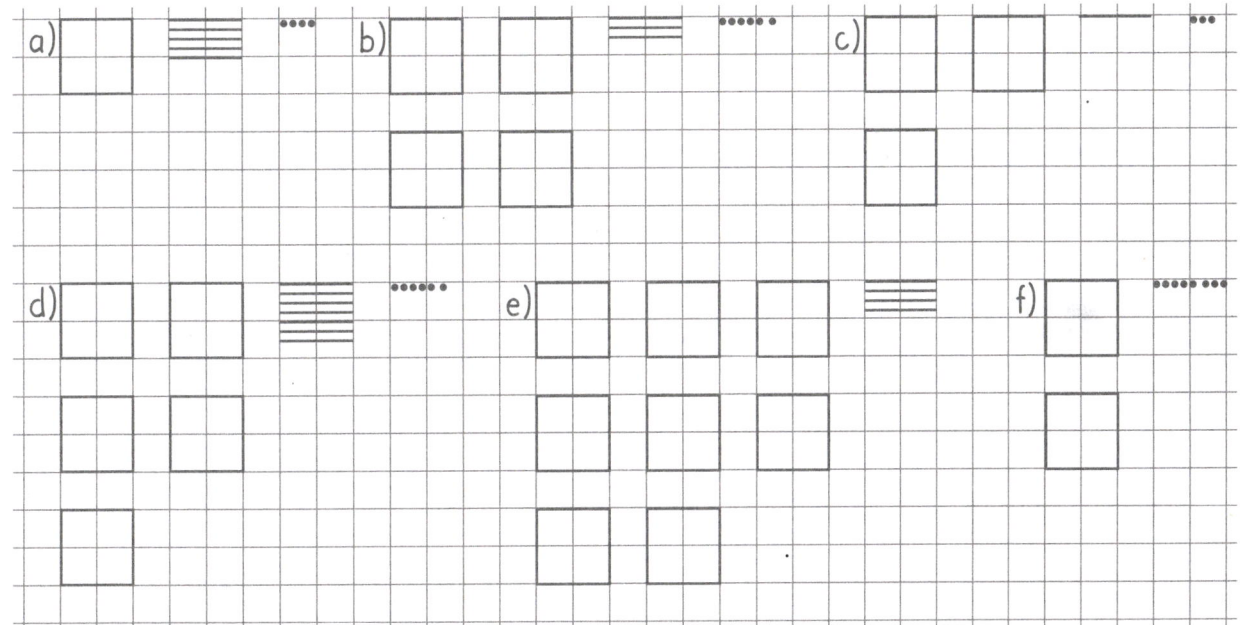

a)   b)   c)

d)   e)   f)

4 Zeichne wie Flo.

a) 372   b) 426   c) 408   d) 561   e) 340
   327   256   838   905   403

2 Abwechselnd weitere Zahlen legen. Das Partnerkind prüft nach.

13

Zahlen bis 1000

1 Schreibe wie Flex in dein Heft.

a)
T	H	Z	E
	3	4	1

b)
T	H	Z	E
	6	5	7

c)
T	H	Z	E
	9	4	6

d)
T	H	Z	E
	4	5	0

e)
T	H	Z	E
	8	0	3

2 Wie heißt die Zahl?

a) 8H + 4Z + 3E   b) 8H + 3E
    5H + 9Z + 2E   2H + 6Z
    4H + 8Z + 1E   7H + 9E

2 a)   8 0 0 + 4 0 + 3 = 8 4 3
         5 0 0 + ___ + __ = _____

3 Übertrage in eine Stellentafel. Wie heißt die Zahl?

a) 4H + 3Z + 2E   b) 2H + 6Z   c) 8Z + 3E
    6H + 8Z + 5E   3H + 7E   5H + 1Z
    7H + 1Z + 4E   2Z + 9E   1T

3 a)
T	H	Z	E	Zahl
	4	3	2	4 3 2

4 Aufgepasst! Übertrage in eine Stellentafel. Wie heißt die Zahl?

a) 4H + 3E + 8Z   b) 6E + 4H + 2Z   c) 5E + 3H   d) 4Z + 8H
    6H + 5E + 3Z   5Z + 1E + 9H   8Z   5E + 8H
    2Z + 3E + 7H   8H + 4E + 3Z   9E + 6Z   1T + 4H

5 Aufgepasst! Flo hat beim Eintragen Fehler gemacht. Verbessert.

a)
T	H	Z	E
	4		15

5 a)   4 H + 1 5 E = 4 H + 1 Z + 5 E

b)
T	H	Z	E
	2		74

c)
T	H	Z	E
		41	5

d)
T	H	Z	E
	2	32	6

e)
T	H	Z	E
	7	3	59

6 Aufgepasst! Wie heißt die Zahl?

a) 6H + 3Z + 24E   b) 2H + 13Z + 4E   c) 85Z + 7E   d) 2H + 43E
    8H + 1Z + 13E   1H + 24Z + 5E   62Z + 4E   6H + 17E

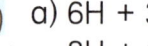

Zahlen bis 1000

1 Welche Zahl ist es?

a) 200 + 10 + 7
   300 + 40 + 3
   700 + 20 + 8

b) 800 + 30 + 2
   900 + 50 + 6
   500 + 60 + 9

c) 700 + 20 + 5
   300 + 70 + 6
   500 + 10 + 2

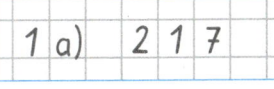

| 1 a) | | 2 | 1 | 7 |

2

415 = 400 + 10 + 5

Nun umgekehrt. Zerlege die Zahlen wie Flo.

a) 415
   572
   851

b) 381
   739
   943

c) 690
   750
   270

d) 307
   406
   904

3 Ergänze die fehlenden Hunderter, Zehner oder Einer.

a) 238 = 200 + 30 + ▪
   743 = 700 + 40 + ▪
   529 = 500 + 20 + ▪

b) 693 = 600 + ▪ + 3   90
   936 = 900 + ▪ + 6   30
   639 = 600 + ▪ + 9   30

c) 731 = ▪ + 30 + 1   700
   317 = ▪ + 10 + 7   700
   258 = ▪ + 50 + 8   200

4 Wie heißt die Zahl?

a) Die Zahl hat sechs Hunderter, fünf Zehner und drei Einer.

b) Die Zahl hat drei Hunderter, doppelt so viele Zehner und einen Einer.

c) Die Zahl hat acht Hunderter und halb so viele Einer.

d) Die Zahl hat zwei Einer, doppelt so viele Zehner und fünf Hunderter.

e) Die Zahl hat vier Hunderter, halb so viele Einer und acht Zehner.

f) Die Zahl hat neun Hunderter und sechs Einer. Sie hat zwei Zehner weniger als Einer.

5 Schreibe als Zahl.

a) zweihundertfünfundsiebzig
b) achthundertzwölf
c) sechshundertvierundfünfzig
d) siebenhundertachtzig
e) fünfhundertacht
f) dreihundertsiebenundsechzig

6 Schreibe als Wort.

a) 347   b) 912   c) 920   d) 902   e) 859   f) 598

7  Welche dreistelligen Zahlen könnt ihr mit den Ziffernkarten legen? Findet ihr alle Möglichkeiten?

a) 2 3 8   b) 4 9 5   c) 7 2 8

8 Welche geraden dreistelligen Zahlen könnt ihr mit den Ziffernkarten legen? 4 5 2

 Audioaufnahme: Zahlendiktat: Ein Kind spricht mehrere dreistellige Zahlen ein, andere Kinder schreiben die Zahlen.

 AH S. 8

15

Stellentafel

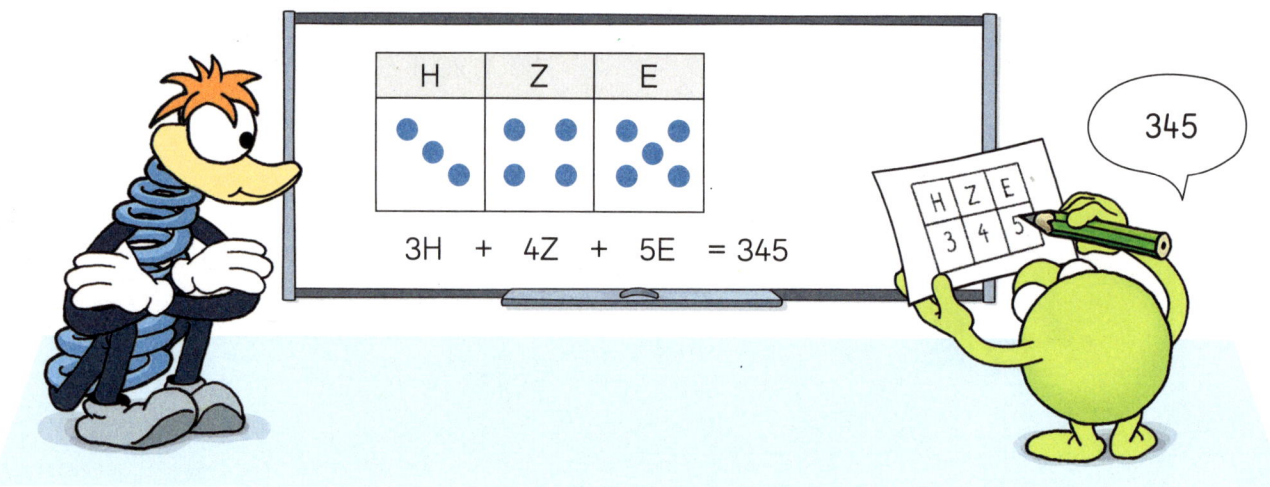

H	Z	E

$3H + 4Z + 5E = 345$

345

1 Welche Zahlen sind es?

1 a)	2 1 5

a)

H	Z	E

b)

H	Z	E

c)

H	Z	E

d)

H	Z	E

e)

H	Z	E

f)

H	Z	E

2 a)

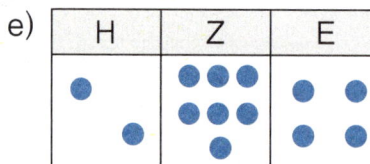

H	Z	E

b)

H	Z	E

c)

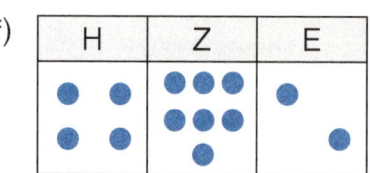

H	Z	E

3 Immer vier Plättchen. Welche Zahlen sind es?

a)

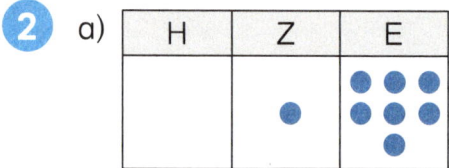

H	Z	E

b)

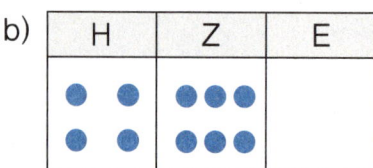

H	Z	E

c)

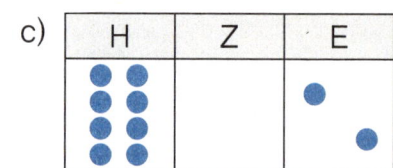

H	Z	E

d)

H	Z	E

e)

H	Z	E

f)

H	Z	E

4 Lege drei weitere Zahlen mit vier Plättchen. Schreibe die Zahlen auf.

Stellentafel

H	Z	E

1 a) Legt mit Wendeplättchen: 123, 132, 213, 231, 312, 321
b) Legt auch diese Zahlen: 450, 613, 842, 503, 367, 701

2 a) Legt zwei Plättchen. Wie viele Zahlen findet ihr?
b) Legt drei Plättchen. Es gibt zehn verschiedene Zahlen. Findet ihr alle?
c) Legt vier Plättchen. Wie heißt die größte und die kleinste Zahl?

3 a) Legt die Zahl. Legt ein Plättchen dazu.
   Welche Zahlen könnt ihr erhalten?

H	Z	E
● ●	●	● ● ●
●		● ● ●
		●

3 a)	Zahl:	3	1	7
		4	1	7,

b) Legt zwei Plättchen zu der Zahl. Welche Zahlen könnt ihr jetzt erhalten?

4 a) Legt die Zahl 425. Legt zwei Plättchen dazu. Welche Zahlen könnt ihr erhalten?
b) Legt die Zahl 672. Welche Zahlen könnt ihr erhalten, wenn ihr zwei Plättchen
   wegnehmt?

5 a) Legt ein Plättchen um. Welche Zahlen könnt ihr erhalten?
b) Legt zwei Plättchen um. Schreibt mindestens vier Zahlen auf.

H	Z	E
●		●
●	●	● ●

R2

17

Hundertertafeln

1	2	3	4	5	6	7	8	9	10
11	12	13	14	15	16	17	18	19	20
21	22	23	24	25	26	27	28	29	30
31	32	33	34	35	36	37	38	☆	40
41	☾	43	44	45	46	47	48	49	50
51	52	53	54	✿	56	57	58	59	60
61	62	63	64	65	66	67	68	⌂	70
71	◯	73	74	75	76	77	78	79	80
81	82	83	♡	85	86	87	88	89	90
91	92	93	94	95	☐	97	98	99	△

101	102	103	104	105	106	107	108	109	110
111	112	113	114	115	116	117	118	119	120
121	122	123	124	125	126	127	128	129	130
131	132	133	134	135	136	137	138	☆	140
141	☾	143	144	145	146	147	148	149	150
151	152	153	154	✿	156	157	158	159	160
161	162	163	164	165	166	167	168	⌂	170
171	◯	173	174	175	176	177	178	179	180
181	182	183	♡	185	186	187	188	189	190
191	192	193	194	195	☐	197	198	199	△

1 a) Welche Zahlen liegen unter den Bildern?
b) Was fällt euch auf?

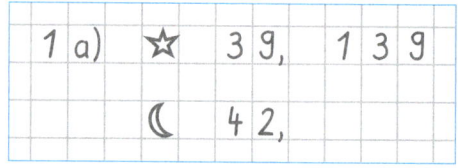

2 a) Welche Zahlen liegen auf den

… gelben Feldern?

201	202	203	204	205	206	207	208	209	210
	212							219	
		223					228		
			234			237			
				245	246				
				255	256				
			264			267			
		273					278		
	282							289	
291									300

… blauen Feldern?

301				305					
311				315					
321				325					
331				335					
341				345					
351				355					
361				365					
371				375					
381				385					
391				395					

… roten Feldern?

401									
411									
421									
431									
441	442	443	444	445	446	447	448	449	450
451									
461									
471									
481									
491									

b) Wie verändern sich die Zahlen auf den farbigen Feldern? Ordne zu.

A
Der Zehner und der Einer
werden immer um 1 größer.

B
Die Zahl wird immer
um 1 größer.

c) Eine Farbe bleibt übrig. Beschreibe, wie sich die Zahlen auf den Feldern verändern.

3

901									910
	912							919	
		923					928		
			934			937			
				945	946				
				955	956				
			964			967			
		973					978		
	982							989	
991									1000

Schreibt die Zahlen dieser Hundertertafel auf,

a) in denen mindestens eine 5 vorkommt;
b) in denen mindestens eine 8 vorkommt;
c) in denen mindestens zwei Neunen vorkommen;
d) in denen mindestens zwei Ziffern gleich sind.

Wie viele Zahlen
bis 1000 gibt es, die drei
gleiche Ziffern haben?

Hundertertafeln

1 Schritte auf einer Hundertertafel. Wo kommst du an?

a) Gehe von 546 immer 1 Schritt:

nach links ← nach rechts →

nach unten ↓ nach oben ↑

| 1 a) | 5 4 6 | 1 ← | 5 4 5 |

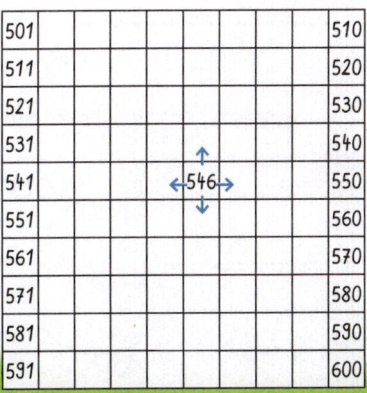

b) Gehe von 546 immer 2 Schritte: ←, →, ↓, ↑

| 1 b) | 5 4 6 | 2 ← | 5 4 4 |

c) Gehe von 546 immer 3 Schritte: ←, →, ↓, ↑

2 Wie verändert sich eine Zahl, wenn du

a) 3 Schritte nach rechts gehst?   b) 4 Schritte nach links gehst?

c) 5 Schritte nach unten gehst?   d) 6 Schritte nach oben gehst?

Die Zahl wird …

3
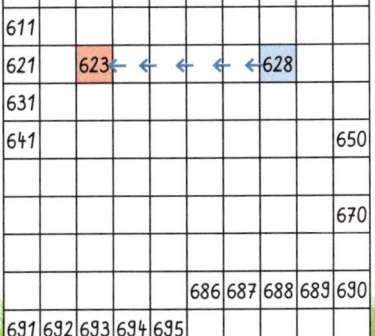

Löse und schreibe immer zwei passende Aufgaben dazu.

a) 306 + 4	b) 342 + 5
316 + 4	352 + 5
326 + 4	362 + 5
c) 313 + 7	d) 305 + 4
333 + 7	325 + 4
353 + 7	345 + 4

306 + 4
306 ☐4 →

4

Löse und schreibe immer zwei passende Aufgaben dazu.

628 − 5
628 ☐5 ←

a) 628 − 5	b) 640 − 8
638 − 5	650 − 8
648 − 5	660 − 8
c) 609 − 6	d) 694 − 3
629 − 6	674 − 3
649 − 6	654 − 3

5

a) 176 + 3	b) 206 − 5	c) 453 + 5	d) 325 − 3	e) 400 − 7
199 + 1	300 − 8	915 − 3	899 + 1	1000 − 3

2 📷 **Audioaufnahme / Algorithmen formulieren und nutzen**: Zu einer Hundertertafel eigene
Startzahlen nennen und eigene Wege beschreiben, Wegbeschreibung nachvollziehen.

19

Zahlenstrahl

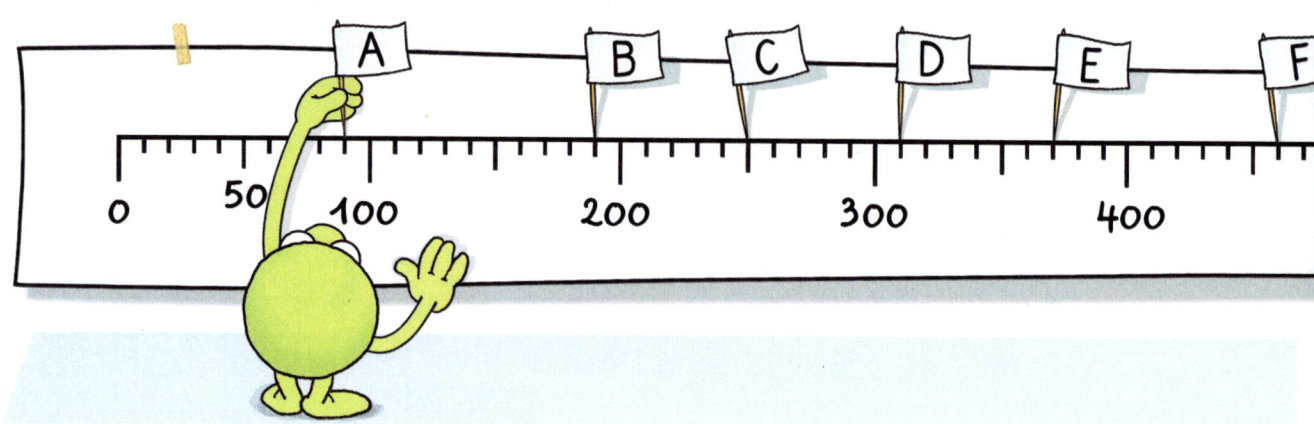

 1 Bei welchen Zahlen stehen die Fähnchen von Flo?

1)	A:	9	0	B:		

2 Sucht die Zahlen am Zahlenstrahl und zählt weiter.

a) 0, 50, 100, 150, …, 500
c) 450, 400, 350, …, 0

b) 650, 700, 750, …, 1000
d) 1000, 950, 900, …, 650

3 Bei welchen Zahlen stehen die Fähnchen?

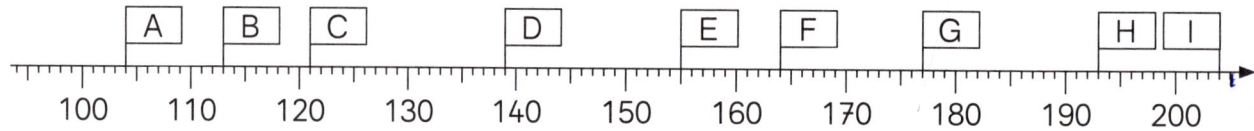

4

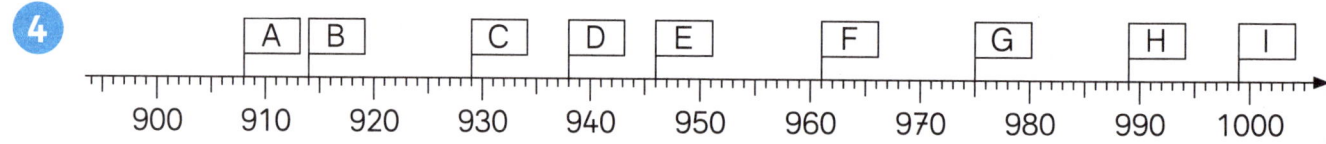

5

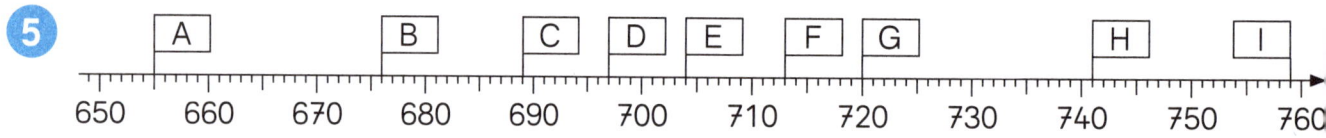

6 Welche Zahlen sind es?
Schreibe immer den Vorgänger (V) und
Nachfolger (N) dazu.

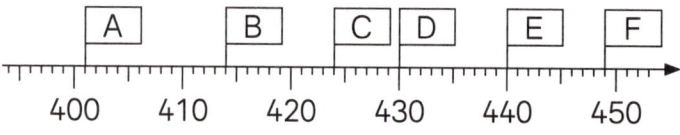

6)		V			Zahl			N		
	4	0	0	4	0	1	4	0	2
				4	1	4			

7 Schreibe immer den Vorgänger (V) und Nachfolger (N) zu den Zahlen auf.

a) 342   546   825   998   b) 799   301   600   909

6 **Textverarbeitung:** Tabelle mit Vorgänger, Zahl und Nachfolger mithilfe eines
Textverarbeitungsprogramms erstellen (Vorlage in der BiBox für Lehrer/-innen).

Zahlenstrahl

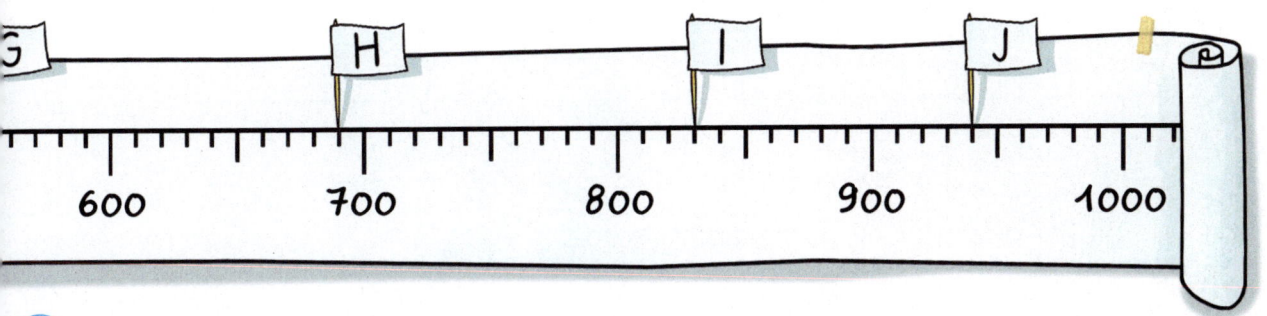

1 Zählt in Zwanzigerschritten.

a) 140, 160, 180, …, 320   b) 480, …, 680
c) 560, 540, 520, …, 380   d) 270, …, 90

2 In welchen Schritten wird hier gezählt?
Finde die Regel und setze die Zahlenfolgen fort.
Schreibe auch die Regel auf.

a) 105, 115, 125, …, 155   b) 95, 100, 105, …, 120
c) 300, 290, 280, …, 250   d) 111, 122, 133, …, 166
e) 125, 150, 175, …, 250   f) 800, 775, 750, …, 675

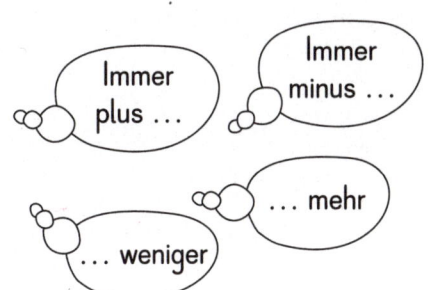

3 Welche Zahl ist genau in der Mitte?

a)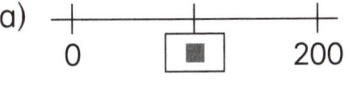
   0   ■   200

b)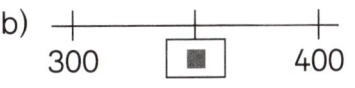
   300   ■   400

c)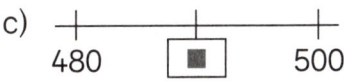
   480   ■   500

d)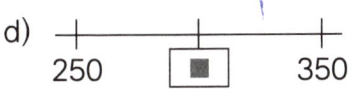
   250   ■   350

e)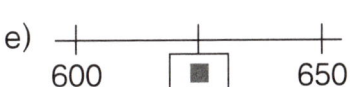
   600   ■   650

f)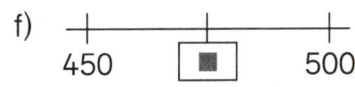
   450   ■   500

4 Welche Zahlen können es sein?

a)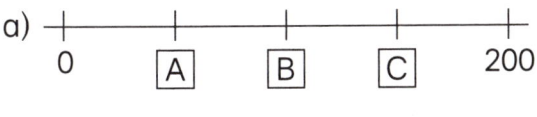
   0   A   B   C   200

b)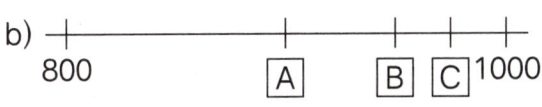
   800   A   B C 1000

c)
   300   A   B   360

d)
   400   A   B C   700

5 Zeichne einen Zahlenstrahl. Trage diese Zahlen ein.

0, 150, 350, 500, 600, 650, 800, 900, 950, 1000

6 Wie heißt die Zahl? Aufgepasst! Einmal gibt es zwei Lösungen.

a) Der Nachfolger der Zahl ist 1000.

b) Die Zahl hat drei gleiche Ziffern. Sie liegt zwischen 700 und 800.

c) Die Zahl liegt zwischen 430 und 440. Sie hat zwei gleiche Ziffern.

AH S. 9

Zahlenstrahl

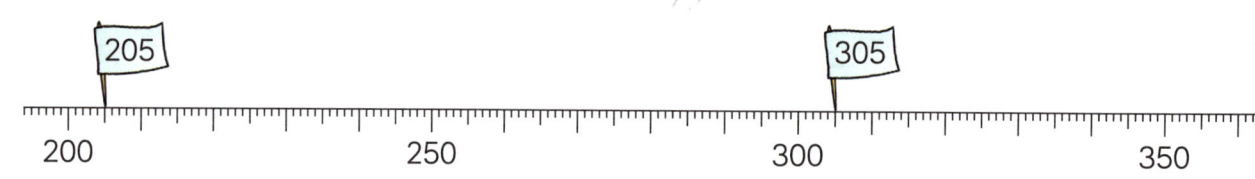

1 Kleiner, größer oder gleich? Setze ein: <, > oder =

a) 205 ⬛ 305
    226 ⬛ 273

b) 234 ⬛ 251
    334 ⬛ 311

c) 283 ⬛ 301
    262 ⬛ 262

d) 274 ⬛ 247
    218 ⬛ 281

2 a) 590 ⬛ 573
    429 ⬛ 449

b) 398 ⬛ 402
    617 ⬛ 761

c) 699 ⬛ 702
    477 ⬛ 469

d) 951 ⬛ 915
    348 ⬛ 483

3 Ordne der Größe nach. Beginne mit der kleinsten Zahl.

a) 819, 256, 37, 460, 728
b) 605, 483, 638, 506, 549
c) 238, 235, 240, 245, 241

3 a)	3 7 < 2 5 6 <

4 Vergleiche die Zahlen. Verwende jede Zahl nur einmal.

340 > 300
470 > 150
420 > ?

a) >
   300   340
470
      420
  150   240

b) >
   445   545
505
  504 450 405

c) <
  287 748
742   784
  840 402

d) <
  633 360
306
  630 636 903

5 Schreibe immer zwei passende Zahlen auf.

a) 125 > ⬛
b) 300 > ⬛
c) 500 < ⬛
d) 978 > ⬛
e) 820 < ⬛
f) 997 < ⬛

5 a)	1 2 5 > 1 2 4
	1 2 5 > 2 0

6 Welche Zahlen passen?

Alle Zahlen von 81 bis …

a) 80 < ⬛ < 90
c) 240 > ⬛ > 225
e) 555 > ⬛ > 545

b) 94 < ⬛ < 100
d) 302 > ⬛ > 293
f) 729 < ⬛ < 737

7 Aufgepasst! Setze ein: <, > oder =

a) 6H 8Z 3E ⬛ 683
    7H 5Z 1E ⬛ 715

b) 4E 5Z 1H ⬛ 154
    2H 5E ⬛ 205

c) 3Z 1E 8H ⬛ 318
    6E 1H 6Z ⬛ 661

 AH S. 10

Zahlenstrahl – Nachbarhunderter

1 Welche Zahlen sind es?
Schreibe beide Nachbarhunderter (NH) auf.
Welcher Nachbarhunderter liegt näher an der Zahl?
Unterstreiche.

1)	NH	Zahl	NH
	<u>3 0 0</u>	3 1 0	4 0 0

A   B   C   D   E

300   400   500   600

2 Schreibe beide Nachbarhunderter (NH) auf.
Welcher Nachbarhunderter liegt näher an der Zahl? Unterstreiche.

a) 623   547   891   366   b) 905   999   301   751

3 Sprünge zu den Nachbarhundertern

a) 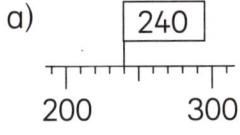 240
200   300

b) 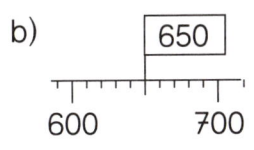 650
600   700

3 a)	2 4 0 +	___	= 3 0 0
	2 4 0 –	___	= 2 0 0

c) 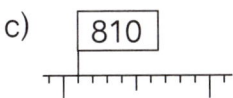 810

d) 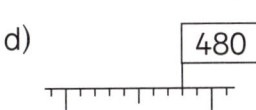 480

4 Vor und zurück zum Nachbarhunderter

a) 640 + ▦ = 700   b) 370 – ▦ = 300   c) 150 – ▦ = ▦   d) 890 – ▦ = ▦
420 + ▦ = 500   610 – ▦ = 600   870 + ▦ = ▦   950 + ▦ = ▦

5 Kannst du das auch schon?

a) 250 + 50   b) 360 + 40   c) 630 + 70   d) 480 + 20   e) 790 + 10
250 + 60   360 + 50   630 + 80   480 + 40   790 + 30

6 a) ▦ + 50 = 400   b) ▦ – 30 = 500   c) ▦ – 70 = 200   d) ▦ – 60 = 800
▦ + 70 = 800   ▦ – 40 = 600   ▦ + 90 = 700   ▦ + 80 = 1000

 AH S. 10

Zahlenstrahl – Nachbarzehner

1 Welche Zahlen sind es?
Schreibe beide Nachbarzehner (NZ) auf.
Welcher Nachbarzehner liegt näher an der Zahl?
Unterstreiche.

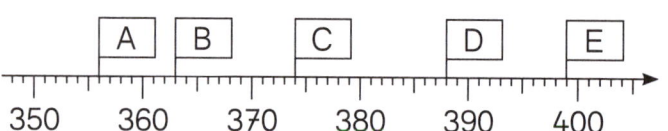

1)	NZ	Zahl	NZ
	3 5 0	3 5 6	3 6 0
		3 6 3	

2 Schreibe beide Nachbarzehner (NZ) auf.
Welcher Nachbarzehner liegt näher an der Zahl? Unterstreiche.

164   208   722   893   546   127   115

3 Sprünge zu den Nachbarzehnern

a) 376

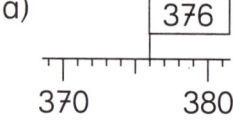
370   380

b) 463
460   470

3 a)	3 7 6 +		= 3 8 0
	3 7 6 −		= 3 7 0

c) 941
940   950

d) 255
250   260

e) 907
900   910

f) 532
530   540

4 Finde die Nachbarzehner. Schreibe wie in Aufgabe 3.

a) 428   b) 501   c) 796   d) 589   e) 813   f) 999

5 a) 534 + ■ = 540   b) 434 − ■ = 430   c) 324 + ■ = ■   d) 789 + ■ = ■
   168 + ■ = 170   591 − ■ = 590   685 − ■ = ■   567 − ■ = ■

AH S. 10

Wechsel ins Themenheft Sachrechnen und Größen, S. 11-13 möglich

Rechnen rund um die Zehner und Hunderter

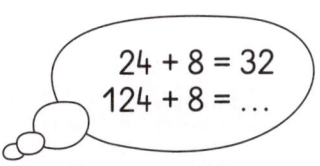

124 + 6 = 130
130 + 2 = 132

124 + 8 = ⬛

24 + 8 = 32
124 + 8 = ...

1 Über den Zehner

a) 124 + 8
   367 + 5
   588 + 6

b) 476 + 5
   857 + 8
   206 + 7

c) 917 + 7
   638 + 4
   745 + 6

d) 283 + 9
   864 + 7
   526 + 8

2 Schreibe immer zwei ähnliche Aufgaben dazu.

a) 58 + 6
   158 + 6
   258 + 6

b) 63 + 9
   163 + 9
   363 + 9

c) 79 + 5
   379 + 5
   179 + 5

d) 46 + 8
   246 + 8
   546 + 8

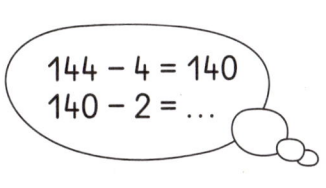

144 − 4 = 140
140 − 2 = ...

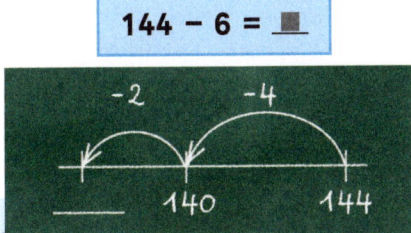

144 − 6 = ⬛

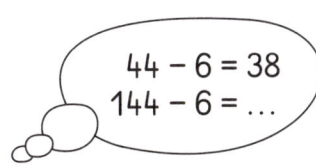

44 − 6 = 38
144 − 6 = ...

3 Über den Zehner

a) 144 − 6
   635 − 8
   472 − 4

b) 281 − 5
   353 − 7
   814 − 8

c) 562 − 6
   926 − 7
   793 − 5

d) 457 − 9
   382 − 4
   653 − 5

4 Schreibe immer zwei ähnliche Aufgaben dazu.

a) 53 − 4
   253 − 4
   553 − 4

b) 22 − 9
   322 − 9
   622 − 9

c) 85 − 7
   785 − 7
   485 − 7

d) 64 − 8
   264 − 8
   664 − 8

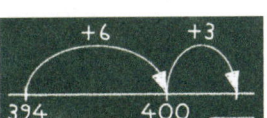

5 Über den Hunderter

a) 394 + 6
   394 + 9

b) 397 + 3
   397 + 5

c) 492 + 8
   492 + 9

d) 695 + 5
   695 + 8

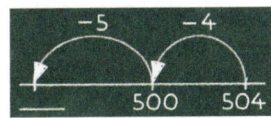

6 a) 504 − 4
   504 − 9

b) 402 − 2
   402 − 6

c) 307 − 7
   307 − 9

d) 203 − 3
   203 − 8

AH S. 11

1 Welche Aufgaben hat Flo gelegt? Zeichne und addiere wie Flex.

a)

b)

c)

2

a) 235 + 300	b) 143 + 200	c) 324 + 400	d) 206 + 300
235 + 30	143 + 20	324 + 40	206 + 30
235 + 3	143 + 2	324 + 4	206 + 3

3

a) 426 + 200	b) 152 + 40	c) 532 + 6	d) 854 + 30
397 + 400	826 + 60	783 + 4	418 + 400
618 + 300	234 + 50	214 + 5	371 + 8

4

a) Wenn du zu der Zahl drei Zehner addierst, erhältst du die Summe 472.

b) Wenn du zu der Zahl vier Hunderter addierst, erhältst du die Summe 809.

c) Wenn du zu der Zahl fünf Einer addierst, erhältst du die Summe 467.

5 Schreibe eigene Zahlenrätsel. Dein Partnerkind löst sie. Benutze die Fachbegriffe:

Hunderter	Zehner	Einer	Summe	addieren

 AH S. 12

2 Ggf. Material nutzen.
5 Kopiervorlage zur Notation von Zahlenrätseln in der Handreichung/BiBox für Lehrer/-innen.
Textverarbeitung: Eigene Zahlenrätsel schreiben (Vorlage in der BiBox für Lehrer/-innen) und lösen, ggf. ausdrucken und eine Kartei in der Klasse erstellen oder für eine digitale Pinnwand nutzen.

Subtrahieren bis 1000

$$345 - 200 = 145$$
$$345 - 20 = 325$$
$$345 - 2 = 343$$

1 Welche Aufgaben hat Flo gelegt? Zeichne und subtrahiere wie Flex.

a)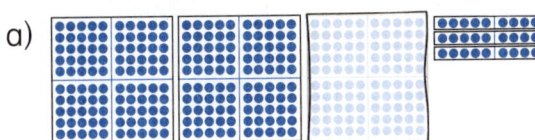

b)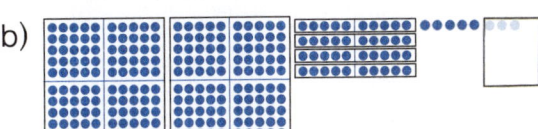

c)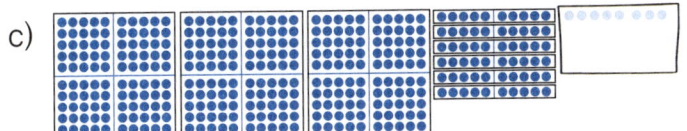

d)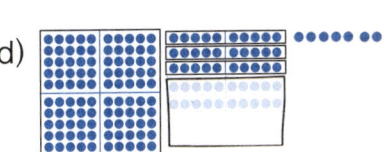

e)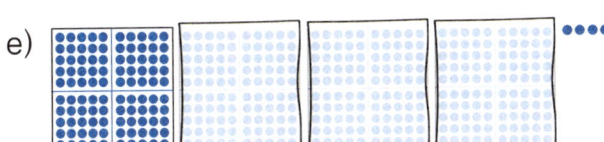

f)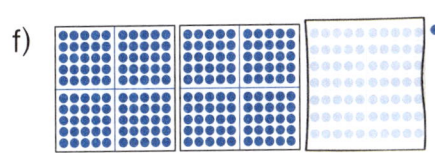

2
a) 467 − 300
467 − 30
467 − 3

b) 987 − 600
987 − 60
987 − 6

c) 465 − 400
465 − 40
465 − 4

d) 845 − 400
845 − 40
845 − 4

3
a) 682 − 200
415 − 300
761 − 500

b) 274 − 50
568 − 40
693 − 70

c) 318 − 6
847 − 5
566 − 3

d) 384 − 70
526 − 5
751 − 500

4
a) Wenn du von der Zahl vier Hunderter subtrahierst, erhältst du die Differenz 309.

b) Wenn du von der Zahl fünf Zehner subtrahierst, erhältst du die Differenz 925.

c) Wenn du von der Zahl vier Einer subtrahierst, erhältst du die Differenz 712.

5 Schreibe eigene Zahlenrätsel. Dein Partnerkind löst sie. Benutze die Fachbegriffe:

| Hunderter | Zehner | Einer | Differenz | subtrahieren |

2 Ggf. Material nutzen.
5 Kopiervorlage zur Notation von Zahlenrätseln in der Handreichung/BiBox für Lehrer/-innen.
 Textverarbeitung: Eigene Zahlenrätsel schreiben (Vorlage in der BiBox für Lehrer/-innen) und lösen, ggf. ausdrucken und eine Kartei in der Klasse erstellen oder für eine digitale Pinnwand nutzen.

 AH S. 13

27

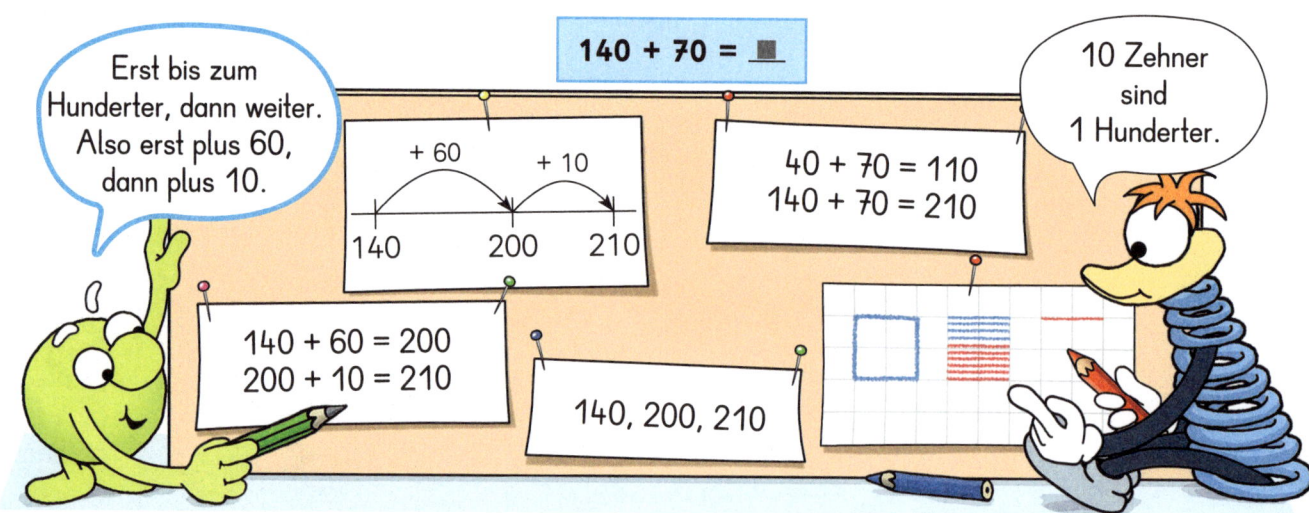

1 Wie wurde die Aufgabe gelöst? Erklärt.

2 Rechne auf deinem Weg.

a) 360 + 50   b) 570 + 70   c) 730 + 80   d) 660 + 80   e) 240 + 90
   670 + 80   450 + 80   650 + 90   170 + 60   850 + 70

3 Kannst du es schon kürzer?

a) 540 + 70   540, 600, 610   b) 890 + 30   c) 380 + 70   d) 420 + 90
   350 + 60   870 + 40   590 + 20   160 + 80

4 Hier fällt etwas auf. Wie heißt die passende Aufgabe?

a) 240 + 80   b) 760 + 50   c) 850 + 70   d) 360 + 70   e) 530 + 90
   280 + 40   750 + 60   870 + ▦   ▦   ▦

5 Schreibe drei eigene Aufgabenpaare wie in Aufgabe 4.

6 Rechne die Aufgaben. Ordne die Lösungsbuchstaben zu.

a) 360 + ▦ = 420   b) 580 + ▦ = 630
   270 + ▦ = 350   880 + ▦ = 900
   780 + ▦ = 810   470 + ▦ = 510
   640 + ▦ = 710   840 + ▦ = 930

7 Wie verändern sich die Zahlen? Wie verändert sich die Summe?

a)

140 + 80	
142 + 80	140 + 83
145 + 80	140 + 86
149 + 80	140 + 88

b)

460 + 70	
463 + 70	460 + 74
467 + 70	460 + 76
468 + 70	460 + 79

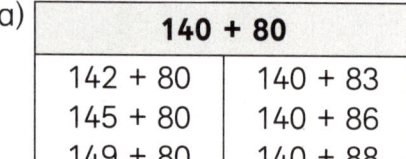

Addieren von großen Zahlen

$$460 + 390 = \blacksquare$$

Erst plus 300, dann plus 90.

Erst die Hunderter, dann die Zehner.

1 Wie wurde die Aufgabe gelöst? Erklärt.
Findet ihr noch einen anderen Rechenweg?

2 Rechne auf deinem Weg.

a) 660 + 190
   570 + 140
   380 + 230

b) 450 + 290
   690 + 230
   860 + 140

c) 370 + 350
   190 + 640
   230 + 490

d) 570 + 260
   380 + 390
   290 + 340

3 a) Schreibe immer zwei passende Aufgaben dazu.   b) Beschreibe die Päckchen.

A
| 440 + 260 |
| 440 + 270 |
| 440 + 280 |

B
| 360 + 130 |
| 370 + 140 |
| 380 + 150 |

C
| 180 + 650 |
| 170 + 650 |
| 160 + 650 |

Die erste Zahl ...
Die zweite Zahl ...
Die Summe ...

4 a) Setze die Aufgabe 290 + 470 fort. Schreibe drei weitere Aufgaben auf.

Die erste Zahl wird immer um 10 größer. Die Summe bleibt gleich.

b) Wie verändert sich die zweite Zahl?

5 a)

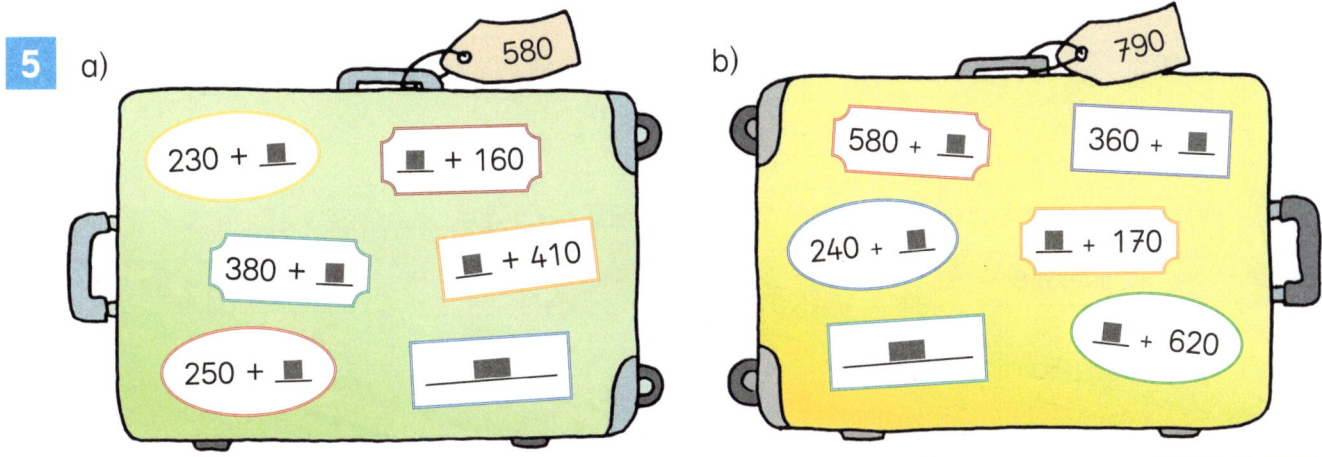

580

230 + ■
■ + 160
380 + ■
■ + 410
250 + ■
_____ ■

b)

790

580 + ■
360 + ■
240 + ■
■ + 170
_____ ■
■ + 620

Subtrahieren von Zehnern

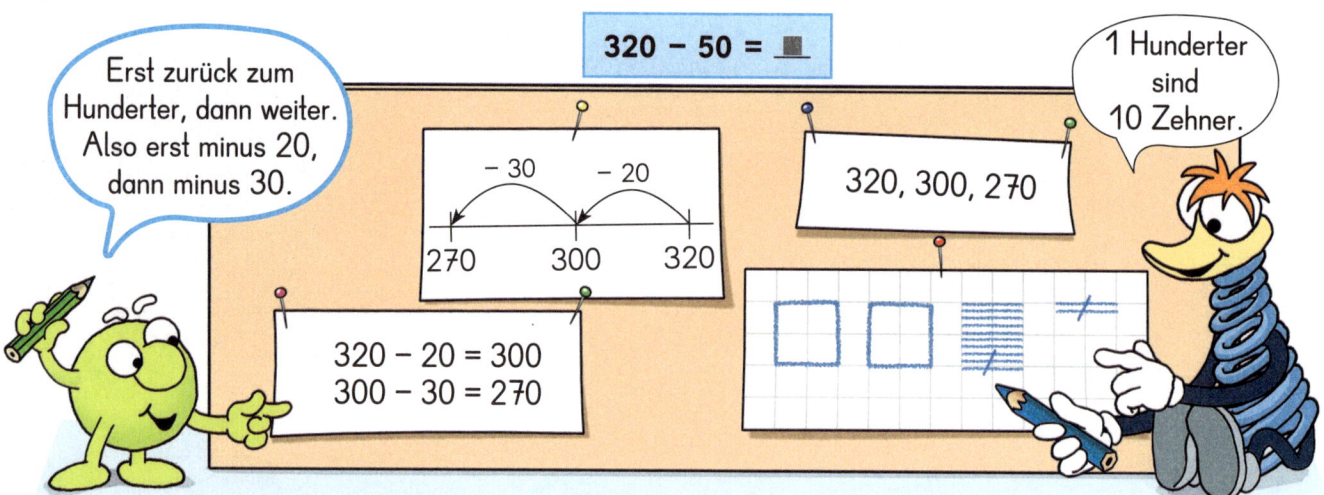

1 Wie wurde die Aufgabe gelöst? Erklärt.

2 Rechne auf deinem Weg.

a) 340 – 70
280 – 90

b) 360 – 90
470 – 80

c) 270 – 90
420 – 50

d) 630 – 50
710 – 70

e) 250 – 80
520 – 70

3 Kannst du es schon kürzer?

a) 410 – 30
520 – 40
410, 400, 380

b) 570 – 80
580 – 90

c) 510 – 40
660 – 80

d) 340 – 60
630 – 70

4 a) Schreibe immer zwei passende Aufgaben dazu.   b) Wie verändert sich die Differenz?

A
330 – 30
330 – 40
330 – 50

B
810 – 10
810 – 20
810 – 30

C
720 – 20
720 – 30
720 – 40

4 b)   Die Differenz wird
immer um ...

5 Übertrage die Tabellen in dein Heft und fülle sie aus.

5 a)	–	8 0	7 0		b)	–	8 0		4 0
	3 2 0						5 4 0		
	3 2 4		2 6 4				5 4 5		4 5 5

6 Wie verändern sich die Zahlen? Wie verändert sich die Differenz?

a)

560 – 70	
562 – 70	560 – 73
567 – 70	560 – 75
569 – 70	560 – 78

b)

820 – 50	
824 – 50	820 – 51
826 – 50	820 – 54
827 – 50	820 – 57

30

AH S. 15

Subtrahieren von großen Zahlen

530 − 290 = ▨

530 − 290 =
530 − 200 = 330
330 − 90 = 240

-90   -200
240 330   530

Erst minus 200, dann minus 90.

Erst die Hunderter, dann die Zehner.

1 Wie wurde die Aufgabe gelöst? Erklärt.
Findet ihr noch einen anderen Rechenweg?

2 Rechne auf deinem Weg.

a) 530 − 250
   840 − 480
   530 − 370

b) 620 − 380
   740 − 290
   670 − 590

c) 420 − 150
   830 − 740
   940 − 470

d) 820 − 390
   730 − 260
   540 − 270

3 Hier fällt etwas auf. Schreibe zwei eigene Aufgabenpaare dazu.

a) 460 − 320
   560 − 420

b) 730 − 360
   830 − 460

c) 810 − 270
   910 − 370

d) 850 − 260
   950 − 360

4 a) Schreibe immer zwei passende Aufgaben dazu.   b) Beschreibe die Päckchen.

A
| 740 − 540 |
| 740 − 550 |
| 740 − 560 |

B
| 850 − 660 |
| 860 − 670 |
| 870 − 680 |

C
| 940 − 380 |
| 930 − 370 |
| 920 − 360 |

Die erste Zahl …
Die zweite Zahl …
Die Differenz …

5 a) Setze die Aufgabe 820 − 450 fort. Schreibe drei weitere Aufgaben auf.

Die erste Zahl wird immer um 10 größer. Die Differenz bleibt gleich.

b) Wie verändert sich die zweite Zahl?

6 Übertrage die Rechenmauern in dein Heft. Fülle sie aus.

a)
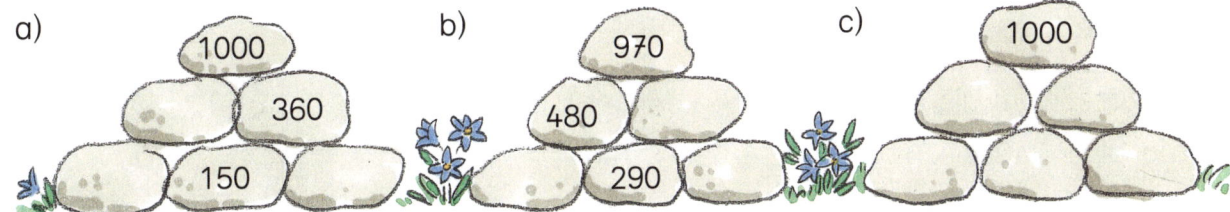

1000

360

150

b)

970

480

290

c)

1000

Ergänzen und vermindern

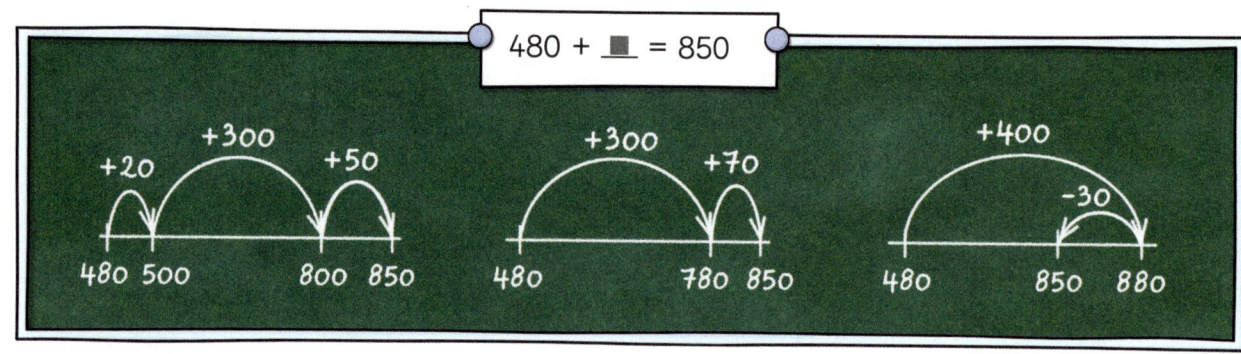

480 + ▨ = 850

1 Wie wurde die Aufgabe gelöst? Erklärt.

2 Wie rechnest du die Aufgaben?
Zeichne deinen Rechenweg am Rechenstrich.

a) 590 + ▨ = 930   b) 370 + ▨ = 520   c) 180 + ▨ = 470

Hier kann ich auch subtrahieren.

3 a) 490 + ▨ = 610   b) 570 + ▨ = 810   c) 140 + ▨ = 930
    780 + ▨ = 930   390 + ▨ = 540   190 + ▨ = 720

4 a) ▨ + 240 = 810   b) ▨ + 130 = 920   c) ▨ + 170 = 740
    ▨ + 180 = 730   ▨ + 340 = 830   ▨ + 180 = 910

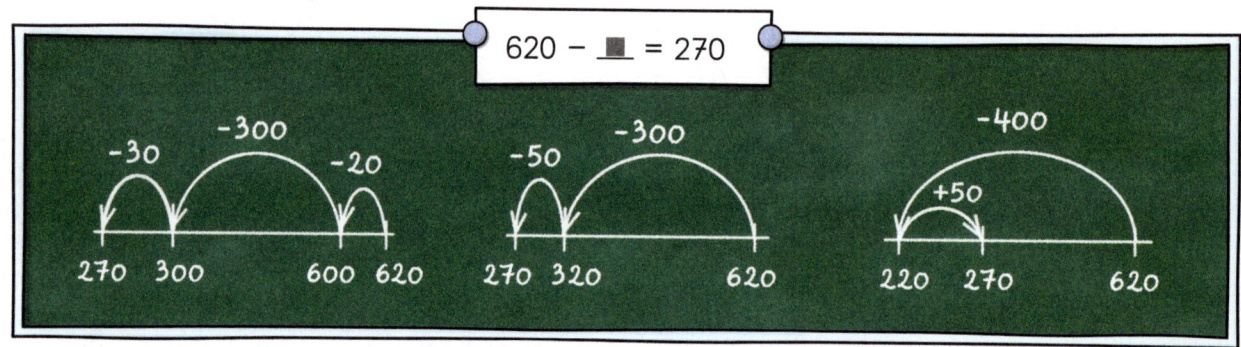

620 − ▨ = 270

5 Wie wurde die Aufgabe gelöst? Erklärt.

6 Wie rechnest du die Aufgaben? Zeichne deinen Rechenweg am Rechenstrich.

a) 920 − ▨ = 690   b) 540 − ▨ = 270   c) 620 − ▨ = 360

810 − ___ = 190,
da rechne ich
810 − 190

7 a) 640 − ▨ = 470   b) 730 − ▨ = 550   c) 810 − ▨ = 190
    870 − ▨ = 380   620 − ▨ = 480   720 − ▨ = 170

8 Aufgepasst! Die Umkehraufgabe kann dir helfen.

a) ▨ − 340 = 270   b) ▨ − 530 = 190   c) ▨ − 470 = 350
    ▨ − 180 = 450   ▨ − 260 = 580   ▨ − 150 = 660

Rechenmauern

1 a)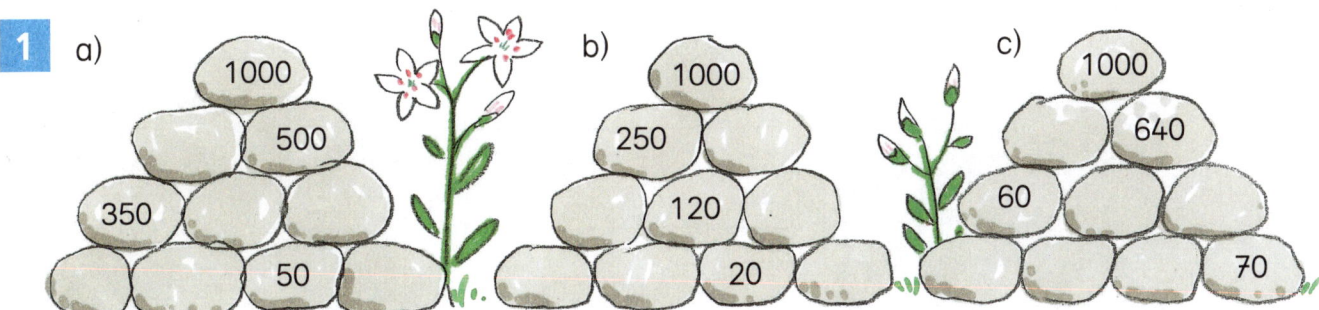

b)

c)

2 a) Löse die Rechenmauern in deinem Heft.

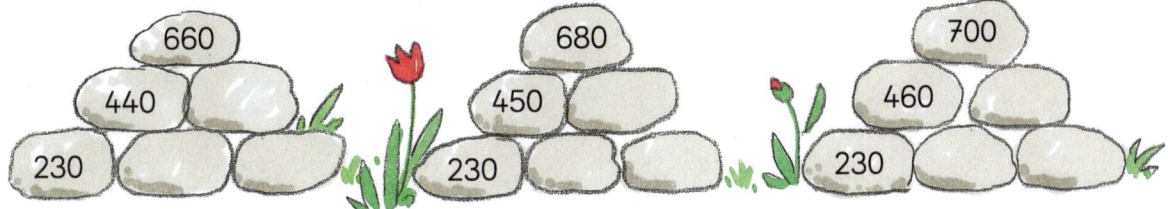

b) Was fällt dir auf? Vervollständige die Sätze.

> 2 b)   Die Zahl im oberen Stein wird immer ___ ■ ___ .
>
>   Die Zahl im mittleren Stein in der unteren Reihe ___ ■ ___ .

3 a) Löst die Rechenmauern in eurem Heft.

b) Vergleicht die Ergebnisse in den oberen Steinen.
Vergleicht die Zahlen in den unteren Reihen. Was fällt euch auf?

4 Minusmauern. Löse die Aufgaben in deinem Heft.

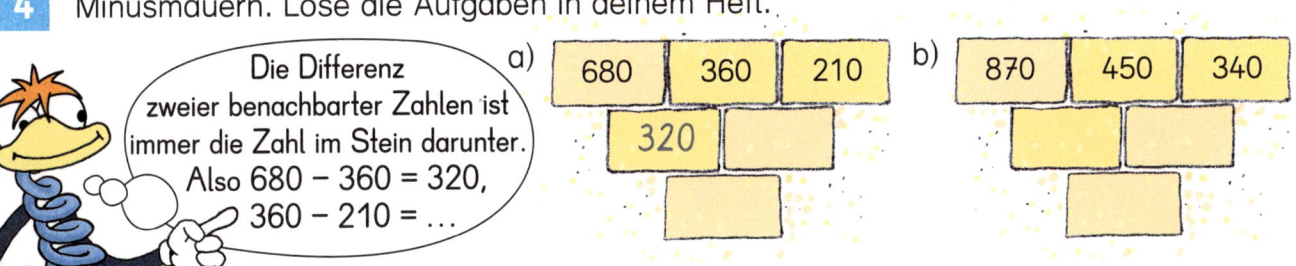

Die Differenz zweier benachbarter Zahlen ist immer die Zahl im Stein darunter. Also 680 − 360 = 320, 360 − 210 = …

a)

680	360	210
320		

b)

870	450	340

1-3 Kopiervorlage mit Rechenmauern in der Handreichung/BiBox für Lehrer/-innen.
4 Kopiervorlage mit Minusmauern in der Handreichung/BiBox für Lehrer/-innen.
☞ Wechsel ins Themenheft Sachrechnen und Größen, S. 7-10 möglich.

33

Halbschriftlich addieren

1 Schreibe immer zwei ähnliche Aufgaben dazu.

a) 27 + 48
127 + 48
327 + 48

b) 56 + 29
156 + 29
256 + 29

c) 18 + 54
218 + 54
418 + 54

d) 35 + 47
135 + 47
335 + 47

2 Rechne in Schritten.

a) 328 + 54
564 + 17

b) 748 + 36
425 + 45

c) 916 + 57
144 + 28

2 a)	3 2 8 + 5 4 = 3 8 2
	3 2 8 + 5 0 = 3 7 8
	3 7 8 + 4 = 3 8 2

3 Welche Aufgaben sind es? Löse mit dem Rechenstrich.

a)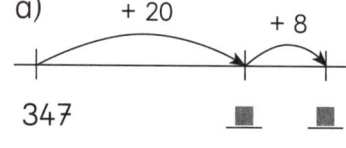
347

b)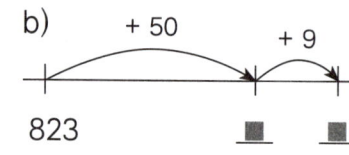
823

3 a)	3 4 7 + 2 8 =
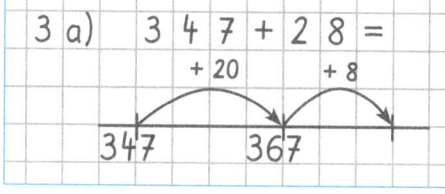

c)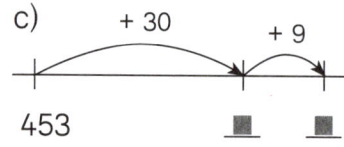
453

d)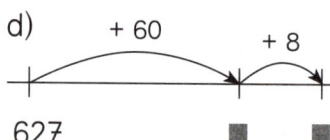
627

e)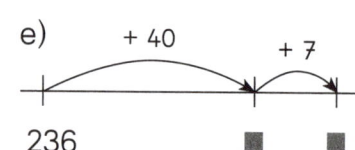
236

4 Welche Aufgaben sind es?

a)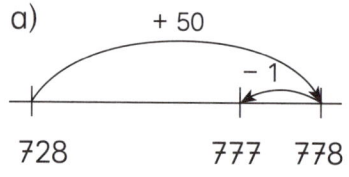
728   777 778

b)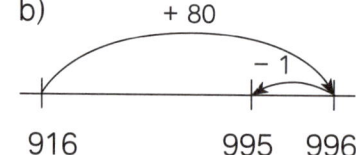
916   995 996

c)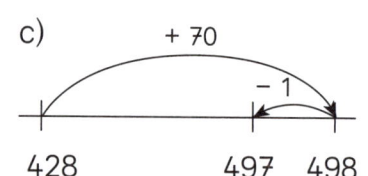
428   497 498

5 Rechne auf deinem Weg.

a) 613 + 29
457 + 36

b) 567 + 26
245 + 39

c) 309 + 74
827 + 65

d) 267 + 13
162 + 29

Halbschriftlich addieren

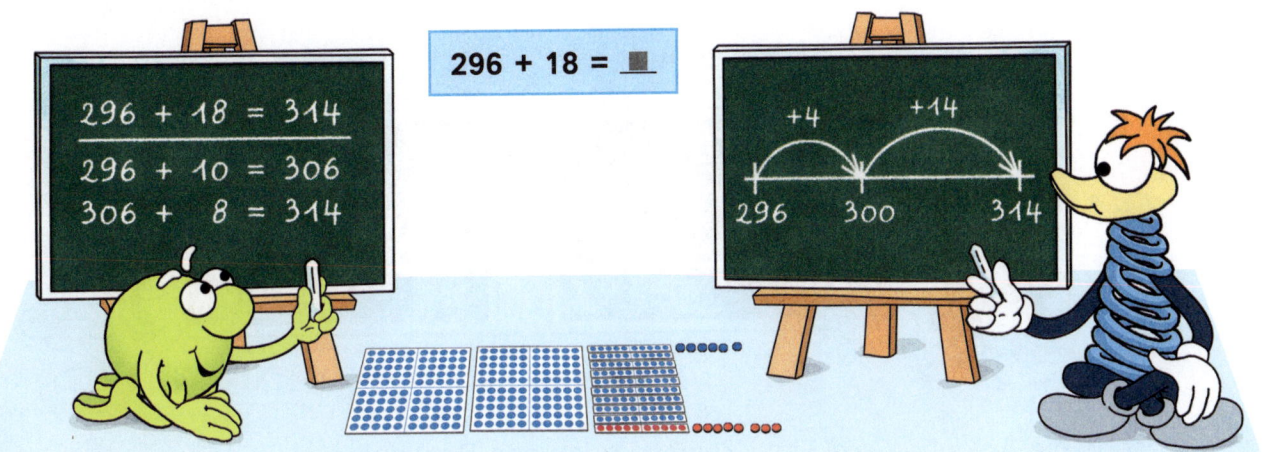

1 Wie hat Flo die Aufgabe gerechnet? Wie hat Flex gerechnet?
Findet ihr noch einen anderen Rechenweg?

2 Rechne auf deinem Weg.

a) 293 + 18
   629 + 75

b) 456 + 96
   738 + 74

c) 573 + 58
   692 + 39

d) 645 + 59
   628 + 77

3 Schöne Ergebnisse

a) 372 + 48
   425 + 95
   551 + 69

b) 266 + 84
   373 + 77
   454 + 96

c) 738 + 87
   679 + 46
   547 + 78

d) 348 + 88
   477 + 59
   569 + 67

4 Rechne. Schreibe auf, wie sich die Summe verändert.

A
| 272 + 28 |
| 272 + 38 |
| 272 + 48 |

B
| 385 + 25 |
| 385 + 50 |
| 385 + 75 |

C
| 687 + 58 |
| 677 + 58 |
| 667 + 58 |

 wird um … größer

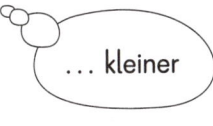 … kleiner

5 a) Setze die Aufgabe | 647 + 58 | fort. Schreibe drei weitere Aufgaben auf.

Die erste Zahl wird immer um 10 größer. Die zweite Zahl wird immer um 10 kleiner.

b) Was fällt dir bei der Summe auf?

6 Setze die Aufgabe | 324 + 87 | so fort, dass die Summe immer um 10 kleiner wird.

7 Stimmt es oder stimmt es nicht? Begründet und überprüft mit Beispielen.

A | Wenn die erste Zahl gleich bleibt und die zweite Zahl um 10 größer wird, wird die Summe um 10 kleiner.

B | Wenn die erste Zahl um 10 größer und die zweite Zahl um 10 kleiner wird, bleibt die Summe gleich.

C | Wenn die erste und die zweite Zahl um 10 größer werden, wird die Summe um 20 größer.

 AH S. 17

35

Geschickt rechnen

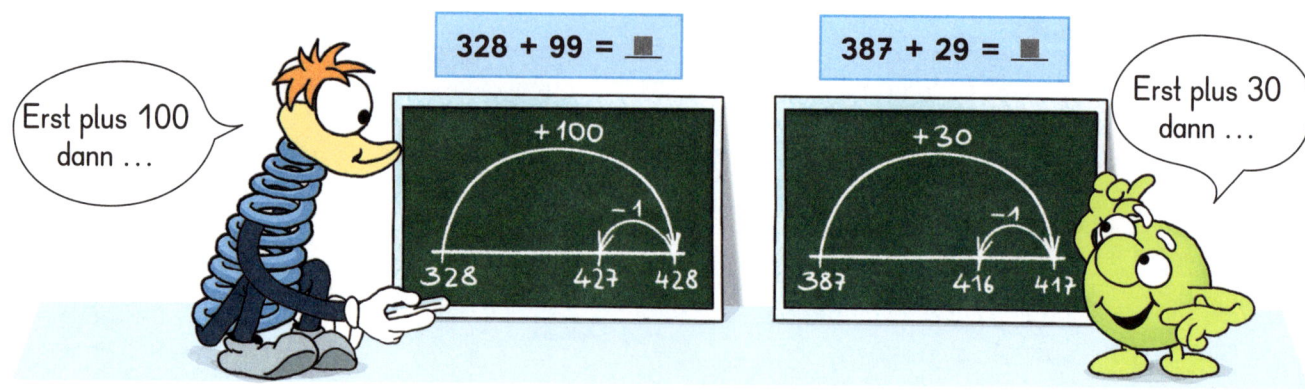

Erst plus 100 dann …

328 + 99 = ▦

387 + 29 = ▦

Erst plus 30 dann …

1 Rechne die Aufgaben wie Flex. Zeichne auch den Rechenstrich.

a) 278 + 99
463 + 99

b) 744 + 99
608 + 99

c) 282 + 99
584 + 99

d) 764 + 98
328 + 98

2 Rechne diese Aufgaben wie Flo. Zeichne auch den Rechenstrich.

a) 228 + 29
347 + 49

b) 485 + 59
543 + 69

c) 895 + 39
786 + 29

d) 643 + 78
764 + 68

3 Hier fällt etwas auf.

a) 239 + 41
240 + 40

b) 321 + 59
320 + 60

c) 708 + 32
709 + 31

d) 449 + 16
450 + 15

4 Finde die richtige Begründung für deine Beobachtung in Aufgabe 3.

A Die Summe bleibt gleich, weil beide Zahlen um 1 größer werden.

B Die Summe bleibt gleich, weil beide Zahlen um 1 kleiner werden.

C Die Summe bleibt gleich, weil eine Zahl um 1 größer wird und eine Zahl um 1 kleiner wird.

5 Wie heißt die passende Aufgabe?

a) 429 + 51
430 + 50

b) 641 + 29
▬

c) 859 + 21
▬

d) 508 + 62
▬

6 Welche Zahl müsst ihr einsetzen? Seht euch die Zahlen genau an.

a) 220 + 35 = 235 + ▦
709 + 41 = 700 + ▦

b) 535 + 86 = 530 + ▦
681 + 24 = 685 + ▦

c) 354 + 78 = 360 + ▦
473 + 82 = 475 + ▦

7 Welche Zahlen sind es?

Die Summe aus drei Zahlen ist 600. Die Summe der 1. und 2. Zahl ist 300. Die Summe der 2. und 3. Zahl ist 350.

__ + __ + __ = 600
__ + __ = 300
__ + __ = 350

Ich probiere.

AH S. 17

1, 2 ▣ **Videoaufnahme:** Erklärfilm zum geschickten Rechnen aufnehmen.

Halbschriftlich subtrahieren

$$483 - 47 = \blacksquare$$

483 − 40 = 443
443 − 7 = 436

83 − 47 = 36
483 − 47 = 436

83 − 47 = 36
Das kann ich.

1 Schreibe immer zwei ähnliche Aufgaben dazu.

a) 83 − 47
   183 − 47
   483 − 47

b) 61 − 24
   161 − 24
   261 − 24

c) 72 − 48
   272 − 48
   472 − 48

d) 94 − 56
   194 − 56
   394 − 56

2 Rechne in Schritten.

a) 685 − 47
   483 − 65

b) 922 − 13
   754 − 26

c) 583 − 45
   395 − 78

2 a)	6 8 5 − 4 7 = 6 3 8
	6 8 5 − 4 0 = 6 4 5
	6 4 5 − 7 = 6 3 8

3 Welche Aufgaben sind es? Löse mit dem Rechenstrich.

a)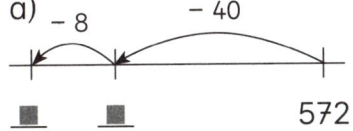

b)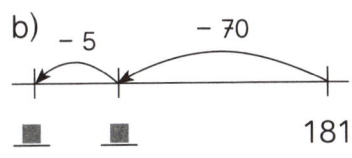

3 a) 5 7 2 − 4 8 =

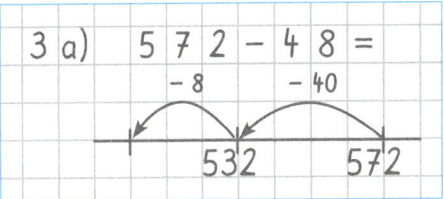

c)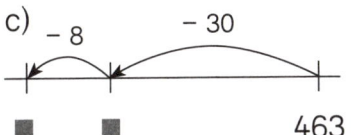

d)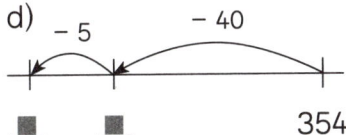

e)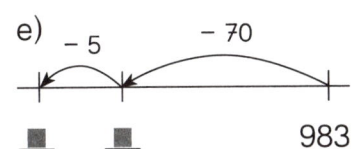

4 Welche Aufgaben sind es?

a)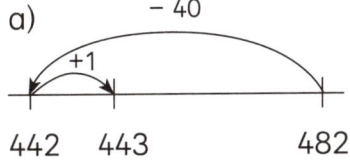

b)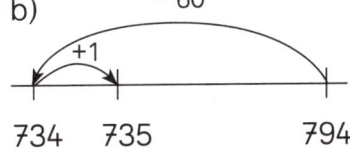

c)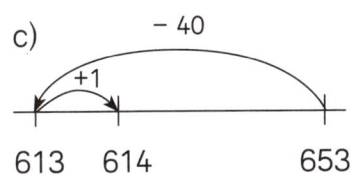

5 Rechne auf deinem Weg.

a) 374 − 29
   482 − 78

b) 764 − 46
   385 − 39

c) 545 − 38
   196 − 87

d) 134 − 29
   983 − 69

Halbschriftlich subtrahieren

256 − 79 =
256 − 70 = 186
186 − 9 = 177

256 − 79 = ▮

−23   −56
177 200   256

1 Wie hat Flo die Aufgabe gerechnet? Wie hat Flex gerechnet?
Findet ihr noch einen anderen Rechenweg?

2 Rechne auf deinem Weg.

a) 481 − 93
   323 − 48

b) 753 − 85
   653 − 96

c) 564 − 69
   381 − 92

d) 904 − 37
   815 − 48

3 Schöne Ergebnisse

a) 531 − 46
   672 − 87
   724 − 39

b) 843 − 67
   761 − 85
   614 − 38

c) 423 − 56
   555 − 88
   631 − 64

d) 212 − 36
   365 − 89
   433 − 57

4 Schreibe immer zwei passende Aufgaben dazu.

a) 225 − 30
   235 − 40
   245 − 50

b) 438 − 50
   437 − 49
   436 − 48

c) 307 − 54
   306 − 55
   305 − 56

d) 598 − 29
   599 − 29
   600 − 29

5 a) Setze die Aufgabe ｜ 523 − 47 ｜ fort. Schreibe drei weitere Aufgaben auf.

   Die erste Zahl wird um 10 größer. Die zweite Zahl wird um 10 größer.

b) Was fällt dir bei der Differenz auf?

6 Setze die Aufgabe ｜ 354 − 67 ｜ so fort, dass die Differenz immer um 10 größer wird.

7 Stimmt es oder stimmt es nicht? Begründet und überprüft mit Beispielen.

A ｜ Wenn die erste Zahl gleich bleibt und die zweite Zahl um 10 kleiner wird, wird die Differenz um 10 größer.

B ｜ Wenn die erste und die zweite Zahl um 10 kleiner werden, bleibt die Differenz gleich.

C ｜ Wenn die erste Zahl um 10 kleiner wird und die zweite Zahl gleich bleibt, wird die Differenz um 10 größer.

AH S. 18

Geschickt rechnen

247 − 99 = ▣

325 − 39 = ▣

Erst minus 100 dann …

Erst minus 40 dann …

1 Rechne die Aufgaben wie Flex. Zeichne auch den Rechenstrich.

a) 314 − 99
   431 − 99

b) 623 − 99
   555 − 99

c) 203 − 99
   305 − 99

d) 872 − 98
   724 − 98

2 Rechne diese Aufgaben wie Flo. Zeichne auch den Rechenstrich.

a) 693 − 69
   582 − 79

b) 323 − 79
   714 − 49

c) 804 − 39
   971 − 89

d) 235 − 49
   326 − 48

3 Hier fällt etwas auf.

a) 432 − 47
   430 − 45

b) 653 − 68
   650 − 65

c) 865 − 89
   860 − 84

d) 704 − 77
   700 − 73

4 Wie heißt die passende Aufgabe?

a) 642 − 67
   640 − 65

b) 373 − 88
   370 − ▣

c) 746 − 78
   ▢

d) 802 − 57
   ▢

5 Welche Aufgaben gehören zusammen?

| 5) | 3 4 2 − 3 7 = 3 4 0 − 3 5 |

342 − 37   537 − 67   302 − 82

300 − 80   580 − 40   340 − 35   578 − 38   220 − 50   217 − 47   540 − 70

6 Welche Zahl musst du einsetzen?

a) 442 − 42 = 432 − ▣
   308 − 27 = 309 − ▣
   792 − 55 = 791 − ▣

b) 541 − 21 = 500 + ▣
   309 + 41 = 400 − ▣
   631 + 29 = 670 − ▣

7 Welches Zeichen musst du einsetzen: ⊕, ⊖?

a) 320 ▣ 80 = 380 ▣ 20
   410 ▣ 10 = 500 ▣ 80
   500 ▣ 50 = 400 ▣ 50

b) 245 ▣ 15 = 250 ▣ 10
   297 ▣ 27 = 300 ▣ 30
   500 ▣ 5 = 604 ▣ 99

Sieh dir die Zahlen genau an!

1, 2 ■ **Videoaufnahme:** Erklärfilm zum geschickten Rechnen aufnehmen.
➡ Wechsel ins Themenheft Sachrechnen und Größen, S. 14-15 und S. 28-40 möglich
(nach Möglichkeit sollte das Themenheft Multiplizieren und Dividieren bis S. 17
ebenfalls bearbeitet sein).

7 A-D   AH S. 18

Rechnen in Sachsituationen

An der Regenbogenschule findet ein Zirkusprojekt statt.

1 Bei der Probe am Freitag schauen Kindergartenkinder und
Klassen von den Nachbarschulen zu. Es sind schon 235 Zuschauer da.
Eine weitere Gruppe mit 48 Personen kommt dazu.

a) Wie viele Zuschauer sind jetzt im Zelt?
b) In das Zelt passen 350 Zuschauer.
  Wie viele Plätze sind noch frei?

2 Zum großen Finale stehen alle Mitwirkenden in der Manege.
147 Personen sind aufgetreten, 25 Personen haben geholfen.

Schreibe Frage, Lösung und Antwort auf.

3 a) Am Samstag schauen sich 220 Erwachsene und 98 Kinder die Vorstellung an.
   b) Am Sonntag schauen sich 23 Erwachsene weniger,
   aber 42 Kinder mehr als am Samstag die Vorstellung an.
   Wie viele Zuschauer waren am Sonntag bei der Vorstellung?

4 Aufgepasst! Das Zirkus-Team sagt: „Gestern haben wir
780 € eingenommen. Das sind 54 € mehr als vorgestern."
Um wie viel Uhr begann die Vorstellung?

5 In der Manege jonglieren die Kinder
mit Bällen, Ringen und Tüchern.
Insgesamt sind es 70 Gegenstände.
Es gibt doppelt so viele Bälle
wie Ringe und doppelt so viele
Tücher wie Bälle.

4 Hier handelt es sich um eine Kapitänsaufgabe.
➥ Vorherige Bearbeitung Themenheft Sachrechnen und Größen, S. 4-10 empfohlen.

Rechnen in Sachsituationen

1 Am Getränkestand wurde in eine Tabelle eingetragen,
wie viele Getränke verkauft wurden.

	Wasser	Saft	Limo
Samstag	117 Flaschen	95 Flaschen	123 Flaschen
Sonntag	▬	▬	▬

Am Sonntag wurden 36 Flaschen Wasser weniger, 57 Flaschen Saft mehr
und 25 Flaschen Limo weniger als am Samstag verkauft.
Wie viele Flaschen Wasser, Saft und Limo wurden am Sonntag verkauft?

2 Stimmt es oder stimmt es nicht?

a) Insgesamt wurden 188 Flaschen Wasser getrunken.
b) 247 Flaschen Saft wurden insgesamt verkauft.
c) Insgesamt wurden 43 Flaschen Limo mehr als Wasser getrunken.

3 Am Eisstand waren die Schokohörnchen besonders beliebt.
Hiervon wurden 146 Stück verkauft.
Von den Erdbeerhörnchen wurden 113 Stück
und von den Nusshörnchen 80 Stück verkauft.

a) Wie viele Erdbeerhörnchen wurden mehr als Nusshörnchen gegessen?
b) Wie viele Nusshörnchen wurden weniger als Schokohörnchen gegessen?

4 Neben dem Eisstand gab es einen Popcornstand.
Hier wurden am Zirkuswochenende 370 Tüten Popcorn verkauft.
Samstag waren es 157 Tüten Popcorn.
Am Sonntag waren es bis zur Pause schon 93 Tüten.
Wie viele Tüten wurden am Sonntag noch verkauft?

5 Erfinde eine eigene Rechengeschichte zum Thema Zirkus.
Dein Partnerkind löst sie.

5 Kopiervorlage zur Notation von Rechengeschichten in der Handreichung/BiBox für
Lehrer/-innen. 🖥 **Textverarbeitung:** Eigene Rechengeschichten schreiben, ggf. speichern,
ausdrucken und lösen (Vorlage in der BiBox für Lehrer/-innen).

R5

41

💬 Schriftlich addieren

1
Lege oder zeichne die Aufgaben wie Flo.
Schreibe stellengerecht untereinander
und addiere schriftlich wie Flex.

Stellengerecht
untereinander heißt:
Einer unter Einer,
Zehner unter Zehner,
Hunderter unter Hunderter.

a)
```
H Z E
5 1 7
+ 3 2 2
```

b)
```
H Z E
2 3 4
+ 4 1 3
```

c)
```
H Z E
7 2 4
+   5 1
```

2

a)
```
  3 0 7
+ 4 8 1
```

b)
```
  1 3 6
+ 4 4 0
```

c)
```
  6 7 0
+ 2 1 9
```

d)
```
      5 2
+ 7 0 5
```

3
Schreibe stellengerecht untereinander und addiere schriftlich.

a) 332 + 357
   284 + 703

b) 126 + 761
   654 + 342

c) 514 + 233
   706 + 263

d) 472 + 325
   314 + 224

3 a)
```
  3 3 2
+ 3 5 7
```

4
Schöne Ergebnisse. Addiere schriftlich.

a) 153 + 846
   732 + 156

b) 532 + 134
   12 + 432

c) 321 + 234
   63 + 714

d) 72 + 816
   625 + 41

5
Finde ähnliche Aufgaben wie in Aufgabe 4.

6
Klecksaufgaben. Welche Ziffern fehlen? Addiere schriftlich in deinem Heft.

a)
```
  3 7 2
+ 2 ● 6
─────────
● 8 ●
```

b)
```
  8 3 ●
+ ● 6 2
─────────
9 ● 6
```

c)
```
  4 ● 2
+ ● 1 7
─────────
8 7 ●
```

d)
```
  ● 3 7
+ 2 ● 0
─────────
6 8 ●
```

Schriftlich addieren mit Übertrag

1 Lege oder zeichne die Aufgaben wie Flo.
Dann addiere schriftlich wie Flex.

a)
```
    2 5 7
  + 5 3 5
```

b)
```
    5 1 7
  + 2 3 8
```

c)
```
    6 1 9
  +   3 5
```

d)
```
      8 4
  + 3 6 2
```

2 Schreibe stellengerecht untereinander und addiere schriftlich.

a) 214 + 637
39 + 744

b) 516 + 375
61 + 829

c) 483 + 455
654 + 274

d) 375 + 217
728 + 69

```
2 a)    2 1 4
      + 6 3 7
```

3 a) 406 + 444
305 + 437

b) 508 + 374
86 + 405

c) 753 + 108
858 + 102

d) 504 + 278
75 + 860

4

5 + 8 = 13
1 + 4 + 6 = 11
1 + 2 + 5 = 8
Hier gibt es
zwei **Überträge**.

```
    5 6 8
  + 2 4 5
    1 1
    8 1 3
```

Aufgepasst!

a) 568 + 245
346 + 275
686 + 146
397 + 85

b) 146 + 285
417 + 495
79 + 543
509 + 394

5 Klecksaufgaben. Welche Ziffern fehlen? Addiere schriftlich in deinem Heft.

a)
```
    3 9 ●
  + 5 0 7
    1 1
    ● 0 2
```

b)
```
    5 ● 5
  + 1 6 2
    1
    7 4 ●
```

c)
```
    ● 3 9
  + 2 ● ●
        1
    8 8 1
```

d)
```
    ● ● 8
  + 7 4 ●
    1 1 1
  1 0 0 0
```

AH S. 19

Im Kopf oder schriftlich

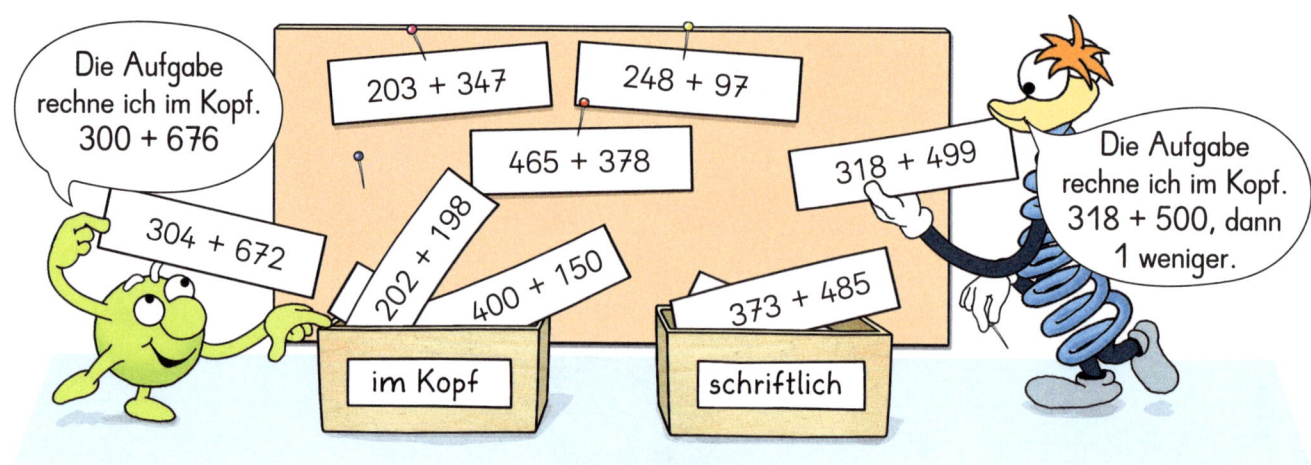

Die Aufgabe rechne ich im Kopf. 300 + 676

203 + 347

248 + 97

465 + 378

318 + 499

304 + 672

202 + 198

400 + 150

373 + 485

Die Aufgabe rechne ich im Kopf. 318 + 500, dann 1 weniger.

im Kopf

schriftlich

1 Findet eigene Aufgaben, die ihr im Kopf rechnen könnt.
Erklärt warum.

2 Könnt ihr diese Aufgaben im Kopf rechnen?

a) 300 + 270
   620 + 310
   450 + 540

b) 299 + 405
   499 + 167
   199 + 352

c) 328 + 198
   513 + 398
   472 + 198

d) 206 + 493
   104 + 265
   207 + 581

3 Rechnest du im Kopf oder schriftlich?
Überlege erst und rechne dann.

| 3 a) | 3 9 5 + 1 0 5 = 5 0 0 |

a) 395 + 105
   489 + 317
   246 + 713

b) 198 + 415
   221 + 209
   375 + 482

c) 199 + 312
   325 + 415
   278 + 547

d) 636 + 265
   158 + 773
   383 + 297

4

a) Bilde die Summe aus 704 und 296.

b) Addiere 548 und 402.

c) Bilde die Summe aus 476 und 458.

d) Die Zahl ist die Summe aus 276 und 99.

e) Verdopple die Summe aus 355 und 45.

f) Halbiere die Summe aus 297 und 133.

5

a) Die Summe aus zwei Zahlen ist 444. Die erste Zahl ist 240.

b) Zwei Zahlen ergeben zusammen 378. Die erste Zahl ist 198.

c) Die Summe aus zwei Zahlen ist 666. Die erste Zahl ist doppelt so groß wie die zweite Zahl.

3 ▪ **Videoaufnahme:** Erklärfilm aufnehmen, welche Aufgaben im Kopf und welche besser
schriftlich gelöst werden können.
4, 5 Im Kopf oder schriftlich lösen. **5** Eigene Zahlenrätsel erfinden (KV s. Handr./BiBox). ▪ **Textverarbeitung:** Zahlenrätsel schreiben (Vorlage s. BiBox), lösen, für Kartei o. dig. Pinnwand nutzen.

44

Schriftlich addieren – Überschlagen

1 Es sind mehrere Überschläge (Ü.) möglich. Welchen würdet ihr hier wählen? Begründet.

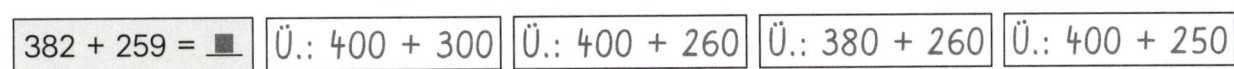

382 + 259 = ▪ | Ü.: 400 + 300 | Ü.: 400 + 260 | Ü.: 380 + 260 | Ü.: 400 + 250

2 a) Überschlage nur.
In welchen Koffer gehören die Aufgaben?

2 a)   Koffer A: 2 1 2 + 1 0 4

249 + 394   684 + 271   487 + 98   212 + 104   198 + 144

655 + 293   273 + 709   139 + 576   128 + 163

A Summe kleiner als 400

B Summe zwischen 500 und 800

C Summe größer als 900

b) Finde für jeden Koffer drei weitere Aufgaben.

3 Überschlage zuerst, rechne dann genau.

3 a)   Ü.:   2 5 0 + 2 0 0 = 4 5 0

      2 4 9
+ 1 9 7

a) 249 + 197   b) 761 + 138   c) 222 + 666
   456 + 364   618 + 235   379 + 430
   163 + 728   472 + 519   541 + 382
   709 + 243   412 + 307   630 + 294

4 Überschlage. Rechne nur die fünf Aufgaben, deren Summe größer als 600 ist.

a) 350 + 293   b) 253 + 195   c) 403 + 120   d) 134 + 512   e) 221 + 156
f) 149 + 289   g) 336 + 321   h) 154 + 399   i) 187 + 489   j) 197 + 703

5 Stimmt es oder stimmt es nicht?
a) Jan hat 325 Sammelkarten, Burak hat 208. Zusammen sind das mehr als 500 Karten.
b) Merve hat 208 Karten in ihrem Album. Leonie hat 112. Zusammen sind das fast 400 Karten.
c) Julia hat 193 Karten in ihrem Album. Andrea hat doppelt so viele Karten.
   Zusammen haben sie über 600 Karten.
d) Nick hat 253 Sammelkarten. Sergej hat genau doppelt so viele Karten.
   Zusammen haben sie über 750 Karten.

AH S. 20

Addieren mit drei Summanden

1 Rechne wie Flex und Flo.

a)
```
   2 1 1
 + 4 5 4
 + 3 2 1
─────────
```

b)
```
   5 0 7
 + 3 8 0
 + 1 1 2
─────────
```

c)
```
   2 3 4
 + 1 3 1
 + 4 3 2
─────────
```

d)
```
   2 1 4
 + 3 2 1
 + 1 5 0
─────────
```

e)
```
   2 4 1
 + 2 2 4
 + 4 0 4
─────────
```

2

a)
```
   3 2 3
 +     4 2
 + 4 6 5
─────────
```

b)
```
   5 4 6
 + 1 3 5
 +     6 9
─────────
```

c)
```
   1 4 3
 + 6 5 6
 +     9 4
─────────
```

d)
```
   4 0 9
 +     5 7
 + 2 7 6
─────────
```

e)
```
       5 7
 + 3 4 8
 + 3 9 2
─────────
```

3 Addiere schriftlich.

a) 125 + 237 + 465
   259 + 316 + 425

b) 508 + 273 + 194
   540 + 39 + 327

c) 49 + 468 + 137
   365 + 238 + 96

4 Überschlage. Rechne nur die fünf Aufgaben, deren Summe kleiner als 1000 ist.

a) 463 + 279 + 397
d) 217 + 608 + 382
g) 419 + 527 + 345

b) 187 + 404 + 261
e) 371 + 16 + 478
h) 96 + 635 + 467

c) 315 + 247 + 359
f) 181 + 351 + 285
i) 273 + 196 + 342

5 Kannst du auch eine Aufgabe von Aufgabe 4 rechnen, deren Summe größer als 1000 ist?

6

a)
```
   2 6 4
 + 3 ● ●
 + ● 3 2
─────────
   6 9 8
```

b)
```
   ● 4 5
 + 4 2 3
 + 3 ● 1
─────────
   9 9 ●
```

c)
```
   1 4 0
 + ● 3 8
 + 2 5 ●
─────────
 1 1
   8 ● 7
```

d)
```
   ● 5 3
 + 3 ● 6
 + 5 0 ●
─────────
 1 1 1
 1 0 0 0
```

e)
```
   2 ● ●
 + 1 3 8
 + ● 0 7
─────────
   1 2
   9 2 1
```

Übungen

1 a) Addiere schriftlich.

```
  1 4 5      2 4 5      3 4 5      4 4 5
+ 2 3 6    + 2 3 6    + 2 3 6    + 2 3 6
```

Die erste Zahl ...

Die Summe ...

b) Wie verändern sich die Aufgaben? Beschreibe.
Schreibe zwei passende Aufgaben in dein Heft.

2 Addiere immer zwei Zahlen schriftlich.
Rechne mindestens fünf Aufgaben.

 574
 206
 345
 164
52

```
2)      5 7 4
      + 3 4 5
```

3 Was hat Flo falsch gemacht? Ordne zu und schreibe die Aufgaben richtig in dein Heft.

```
A   3 4 6
  + 2 7 5
      1
    5 2 1
```

```
B   2 7 3
  + 3 1 4
      1
    5 9 7
```

```
C   6 7 4
  + 2 2 5
      1
    9 9 9
```

```
D   5 6 2
  +   3 5
      1
    9 1 2
```

```
E    1 5 3
  + 4 3 7
      1
    5 9 1
```

① Ziffern falsch addiert

② Übertrag fehlt

③ falscher Übertrag

④ nicht stellengerecht aufgeschrieben

4

a)
```
  2 3 ●
+ 4 ● 8
    1
  ● 9 4
```

b)
```
  4 ● 6
+ ● 1 8
    1
  6 7 ●
```

c)
```
  ● 6 6
+ 2 ● 6
  1 1
  7 2 ●
```

d)
```
  ● ● 9
+ 3 2 ●
  1 1
  5 1 0
```

e)
```
  3 6 ●
+ ● 9 5
    1 1
  8 ● 1
```

5 Welche Ziffern musst du für die Buchstaben einsetzen?

a)
```
  3 A 4
+ 3 6 A
  1 1
  A 4 1
```

b)
```
  7 0 B
+ 1 B 1
  B B 9
```

c)
```
  4 8 5
+ C 4 8
    1 1
  8 C C
```

d)
```
  2 9 D
+ 5 D 6
  1 1
  8 D 0
```

e)
```
    6 E 9
+   E 6 4
  1 1 1
  1 0 0 E
```

6

```
  A B C
+ A B C
  B D E
```

```
    F A
+ ₁ F C
  A E D
```

```
  A E F
+ D E C
  ₁ ₁
  E C A
```

AH S. 21

Wechsel ins Themenheft Sachrechnen und Größen, S. 18 möglich.

Übungen mit Ziffernkarten

1 Flex und Flo legen mit Ziffernkarten dreistellige Zahlen.

a) Schreibt alle Zahlen auf, die sie legen können.

Flo

Flex

b) Welches ist jeweils die kleinste Zahl und die größte Zahl?

2 Flex und Flo legen mit sechs verschiedenen Ziffernkarten dreistellige Zahlen und addieren sie.

a) Findet mindestens sechs Additionsaufgaben, die sie legen können.

b) Wie heißt die kleinste Summe, die sie finden können?

c) Wie heißt die größte Summe, die sie finden können?

3

Welche sechs verschiedenen Ziffernkarten kann Flo legen, damit die Summe stimmt?

a)

b)
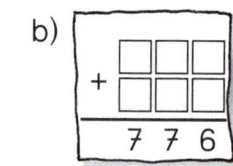

c)
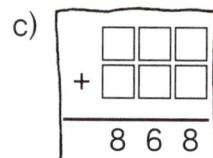

d)
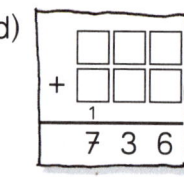

e)
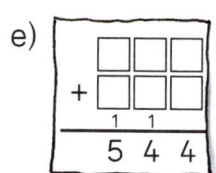

f)
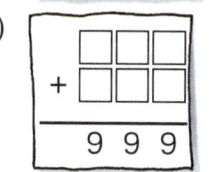

g)
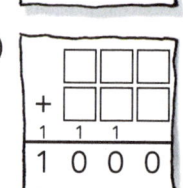

4 Bildet aus diesen sechs verschiedenen Ziffernkarten zwei dreistellige Zahlen und addiert sie. Findet Aufgaben mit einer Summe

a) kleiner als 600,
b) zwischen 600 und 1000,
c) größer als 1000.

48

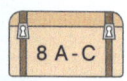

8 A–C

Schriftlich subtrahieren

$749 - 532 = \blacksquare$

Abziehen

H	Z	E
7	4	9
− 5	3	2
		7

Ich **ziehe** ab.
9 − 2 = 7
4 − 3 = …

oder

Ergänzen

H	Z	E
7	4	9
− 5	3	2
		7

Ich **ergänze**.
2 + 7 = 9
3 + …

1 Subtrahiere schriftlich. Beginne bei den Einern.

a)
H	Z	E
7	4	9
− 5	3	2

b)
H	Z	E
8	7	4
− 3	5	2

c)
H	Z	E
7	3	2
− 6	2	1

d)
H	Z	E
8	7	6
− 5	2	1

e)
H	Z	E
6	5	7
− 2	1	3

2
a)
6	7	3
− 1	3	2

b)
4	5	2
− 3	4	1

c)
6	9	3
− 1	8	2

d)
5	4	7
− 2	1	3

e)
8	9	7
− 2	7	5

3 Schreibe stellengerecht untereinander und subtrahiere schriftlich.

a) 545 − 231   b) 698 − 535   c) 764 − 612   d) 648 − 335   e) 379 − 158

4 Klecksaufgaben. Welche Ziffern fehlen? Subtrahiere schriftlich in deinem Heft.

a)
7	3	9
− 5	●	6
●	1	●

b)
8	2	●
− ●	2	5
4	●	2

c)
3	●	6
− ●	3	5
1	1	●

d)
●	6	8
− 2	●	4
4	1	●

e)
9	7	●
− ●	5	6
1	●	0

Schriftlich subtrahieren – Abziehen

entweder

	H	Z	E
	3	13	
	4̶	3̶	8
−	2	5	6
	1	8	2

Ich **ziehe ab**:
8 − 6 = **2**
3 − 5 geht nicht. Ich wechsele
1 Hunderter in 10 Zehner um,
also 13 − 5 = **8**.
Es sind noch 3 Hunderter übrig,
also 3 − 2 = **1**.

1 Rechne wie Flo.

a)
H	Z	E
5	7	4
− 3	5	6

b)
H	Z	E
5	9	1
− 2	7	5

c)
H	Z	E
6	5	4
− 4	1	9

d)
H	Z	E
4	3	6
− 2	8	3

e)
H	Z	E
3	2	8
− 1	6	7

2

a)
5	6	7
−	9	6

b)
7	2	4
−	5	2

c)
4	3	5
− 1	0	7

d)
8	2	7
− 5	3	0

e)
6	5	2
− 4	7	0

3 Subtrahiere schriftlich.

a) 543 − 271
   487 − 94

b) 758 − 578
   936 − 765

c) 494 − 66
   817 − 432

d) 654 − 408
   726 − 543

e) 777 − 382
   888 − 494

4

Hier muss ich zweimal wechseln.

	H	Z	E
	3	1	13
	4̶	2̶	3̶
−	2	6	7
	1	5	6

a)
4	2	3
− 2	6	7

b)
6	3	0
− 4	4	2

c)
8	3	4
− 7	9	8

d)
5	3	2
− 2	4	6

e)
7	2	8
− 5	7	9

f)
5	6	4
− 1	8	9

5 Subtrahiere schriftlich.

a) 972 − 584
   834 − 167

b) 632 − 495
   781 − 326

c) 534 − 276
   452 − 168

d) 852 − 691
   765 − 598

e) 946 − 758
   621 − 316

Je nach eingeführtem Subtraktionsverfahren **entweder diese Seite** (Abziehverfahren mit Entbündeln) **oder Seite 51** zur Weiterarbeit auswählen.

Schriftlich subtrahieren – Ergänzen

oder

```
  H Z E
  4 3 8
- 2 5 6
    1
  1 8 2
```

Ich **ergänze**:
6 + 2 = 8
5 + ___ = 3 geht nicht,
also 5 + 8 = 13
Ich übertrage 1.
1 + 2 + 1 = 4

1 Rechne wie Flex.

a)
```
  H Z E
  5 7 4
- 3 5 6
```

b)
```
  H Z E
  5 9 1
- 2 7 5
```

c)
```
  H Z E
  6 5 4
- 4 1 9
```

d)
```
  H Z E
  4 3 6
- 2 8 3
```

e)
```
  H Z E
  3 2 8
- 1 6 7
```

2

a)
```
  5 6 7
-   9 6
```

b)
```
  7 2 4
-   5 2
```

c)
```
  4 3 5
- 1 0 7
```

d)
```
  8 2 7
- 5 3 0
```

e)
```
  6 5 2
- 4 7 0
```

3 Subtrahiere schriftlich.

a) 543 − 271
   487 − 94

b) 758 − 578
   936 − 765

c) 494 − 66
   817 − 432

d) 654 − 408
   726 − 543

e) 777 − 382
   888 − 494

4

```
  4 2 3
- 2 6 7
  1 1
  1 5 6
```

Hier gibt es zwei Überträge.

a)
```
  4 2 3
- 2 6 7
```

b)
```
  6 3 0
- 4 4 2
```

c)
```
  8 3 4
- 7 9 8
```

d)
```
  5 3 2
- 2 4 6
```

e)
```
  7 2 8
- 5 7 9
```

f)
```
  5 6 4
- 1 8 9
```

5 Subtrahiere schriftlich.

a) 972 − 584
   834 − 167

b) 632 − 495
   781 − 326

c) 534 − 276
   452 − 168

d) 852 − 691
   765 − 598

e) 946 − 758
   621 − 316

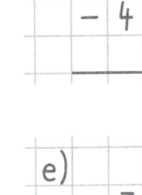

AH S. 22

Je nach eingeführtem Subtraktionsverfahren **entweder diese Seite** (Ergänzungsverfahren)
oder Seite 50 zur Weiterarbeit auswählen.

Schriftlich subtrahieren – Überschlagen

Wie viel ist das ungefähr?

$682 - 347 = \blacksquare$

Ich rechne einen Überschlag. Er ist nah an der Aufgabe und leicht im Kopf zu rechnen.

Ü.: $700 - 350 = 350$

Ü.: $680 - 350 = 330$

Ü.: $700 - 300 = 400$

 1 Wie viel ist es ungefähr? Rechnet einen Überschlag wie Flex.

a) $596 - 289$　　b) $512 - 253$　　c) $749 - 314$　　d) $987 - 249$　　e) $615 - 96$

2 a) Überschlage nur.
In welchen Koffer gehören die Aufgaben?

| 2 a) | Koffer A: | 9 | 3 | 5 | – | 7 | 9 | 4 |

 $793 - 426$　　$837 - 89$　　$851 - 425$　　$999 - 218$　　$882 - 139$

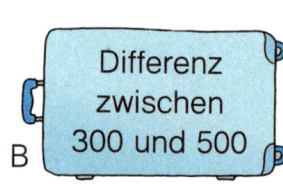 $935 - 794$　　$513 - 347$　　$718 - 576$　　$999 - 548$

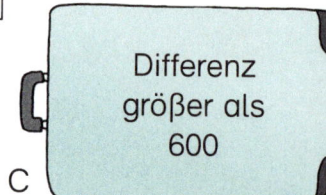

A **Differenz kleiner als 200**

B **Differenz zwischen 300 und 500**

C **Differenz größer als 600**

b) Finde für jeden Koffer drei weitere Aufgaben.

3 Überschlage zuerst, rechne dann genau.

a) $456 - 293$　b) $673 - 214$　c) $832 - 444$
　$364 - 137$　　$584 - 311$　　$759 - 236$
　$921 - 567$　　$579 - 428$　　$625 - 479$
　$983 - 714$　　$745 - 391$　　$414 - 136$

3 a)	Ü.:	4	5	0	–	3	0	0	=	1	5	0
			4	5	6			
		–	2	9	3			

4 Überschlage. Rechne nur die fünf Aufgaben, deren Differenz kleiner als 400 ist.

a) $736 - 482$　　b) $678 - 125$　　c) $937 - 418$　　d) $516 - 342$　　e) $976 - 436$
f) $973 - 359$　　g) $814 - 561$　　h) $783 - 465$　　i) $754 - 523$　　j) $711 - 179$

 5 Stimmt es oder stimmt es nicht?

a) Levi hat 395 Sammelkarten, Ali hat 217. Levi hat über 200 Karten mehr.
b) Narin hat in ihrem Album 412 Karten, Yuri hat 289.
　Yuri hat über 100 Karten weniger als Narin.
c) Matteo hat 178 Karten in seinem Album, Philippa hat 387.
　Philippa hat ungefähr 200 Karten mehr.
d) Nele hat 291 Sammelkarten, Pilar hat 123. Nele hat über 200 Karten mehr.

Schriftlich subtrahieren – Probe

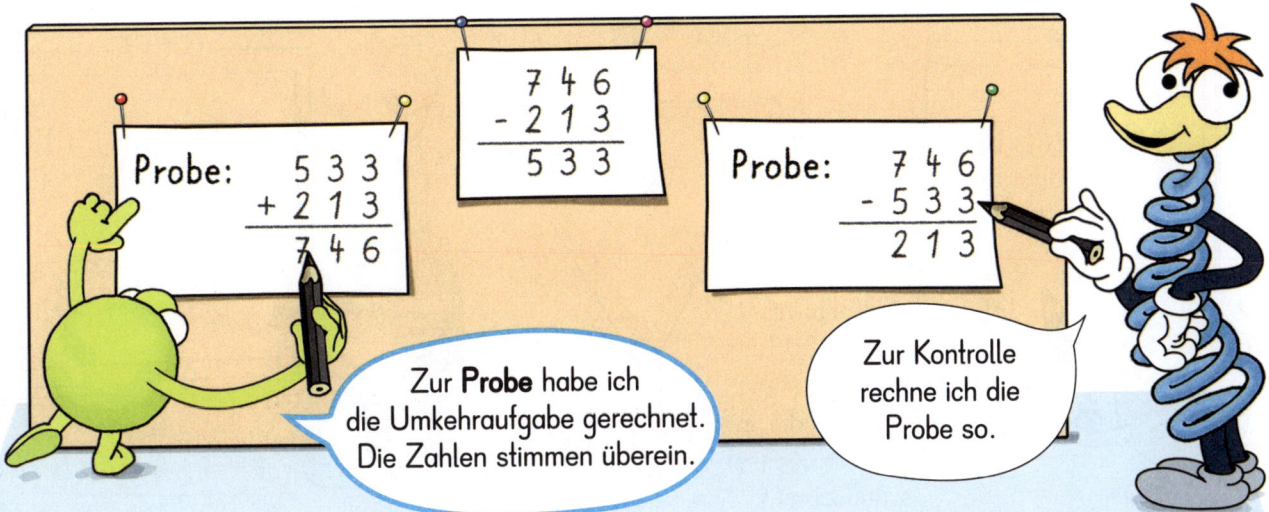

1 Subtrahiere schriftlich.
Rechne zur Probe (P.) die Umkehraufgabe wie Flo.

a) 678 – 453   b) 849 – 637   c) 957 – 814
d) 526 – 273   e) 762 – 535   f) 907 – 538

```
1 a)    6 7 8    P.:    2 2 5
      - 4 5 3         + 4 5 3
      ---------       ---------
        2 2 5           6 7 8
```

2 Subtrahiere schriftlich. Rechne die Probe wie Flex.

a) 875 – 341   b) 698 – 264   c) 753 – 531   d) 926 – 654   e) 563 – 248

3 Überschlage zuerst, subtrahiere schriftlich und rechne dann eine Probe.

a) 438 – 246   b) 651 – 405   c) 514 – 376   d) 753 – 485   e) 654 – 357

4 Hier haben sich drei Fehler versteckt. Rechne eine Probe. Löse die Aufgaben richtig.

a)
```
  562
- 289
-----
  327 ✗
```

b)
```
  987
- 358
-----
  629 ✓
```

c)
```
  834
- 258
-----
  576 ✓
```

d)
```
  743
- 569
-----
  284 ✗
```

e)
```
  870
- 653
-----
  227 ✗
```

5 Was wurde hier falsch gemacht? Löst die Aufgaben richtig.

entweder

a)
```
  5 ⁴6̶
- 2 7 3
-------
  3 6 3
```

b)
```
  6 8 3
- 4 3 9
-------
  2 5 6
```

c)
```
  7 2 1
- 4 6 3
-------
  3 8 4
```

d)
```
  9 ³2̶ ¹⁴4̶
- 6 5 6
-------
  3 7 8
```

e)
```
  8 ⁷5̶ ¹⁴4̶
- 3 4 8
-------
  4 0 6
```

oder

a)
```
  5 4 6
- 2 7 3
  ¹
-------
  2 7 9
```

b)
```
  6 8 3
- 4 3 9
  ¹
-------
  1 5 4
```

c)
```
  7 2 1
- 4 6 3
  ¹
-------
  2 6 2
```

d)
```
  9 3 4
- 6 5 6
  ¹
-------
  2 8 8
```

e)
```
  8 5 4
- 3 4 8
  ¹ ¹
-------
  4 0 6
```

5 Je nach eingeführtem Subtraktionsverfahren **entweder** die obere Aufgabenreihe
(Abziehverfahren) **oder** die untere Aufgabenreihe (Ergänzungsverfahren) zur Bearbeitung
auswählen.

AH S. 24

53

Schriftlich subtrahieren

1000 − 257 = ▮

oder

0 − 7 geht nicht. Ich brauche 10 Einer. Dafür wechsele ich den Tausender in Hunderter, Zehner und Einer.

7 + **3** = 10
1 + 5 + **4** = 10
1 + 2 + …

1
a) 1000 − 471
b) 1000 − 825
c) 1000 − 555
d) 900 − 516
e) 700 − 543

2
a) 600 − 434
b) 703 − 341
c) 610 − 278
d) 503 − 230
e) 870 − 604

3 Subtrahiere immer zwei Zahlen schriftlich. Rechne mindestens fünf Aufgaben.

909   180   825   507   652
354   710   400   84   246

4

entweder
a) ● 4 ● − 2 ● 3 = 4 4 4
b) 8 7 ● − 4 ● 3 = ● 1 6
c) ● 5 0 − 3 ● 2 = 5 0 ●
d) 7 0 ● − ● ● 6 = 2 8 2
e) 4 0 ● − 2 ● 9 = ● 2 1

oder
a) ● 4 ● − 2 ● 3 = 4 4 4
b) 8 7 ● − 4 ● 3 = ● 1 6
c) ● 5 0 − 3 ● 2 = 5 0 ●
d) 7 0 ● − ● ● 6 = 2 8 2
e) 4 0 ● − 2 ● 9 = ● 2 1

Subtraktionsverfahren auswählen.

m Kopf oder schriftlich

1 Findet eigene Aufgaben, die ihr im Kopf rechnen könnt.
Erklärt warum.

2 Könnt ihr diese Aufgaben im Kopf rechnen?

a) 500 − 360
940 − 720
880 − 240

b) 433 − 199
354 − 299
627 − 498

c) 401 − 161
682 − 402
407 − 277

d) 502 − 495
903 − 891
605 − 597

3 Rechnest du im Kopf oder schriftlich?
Überlege erst und rechne dann.

a) 1000 − 988
757 − 266
364 − 273

b) 412 − 109
808 − 304
631 − 476 ✓

c) 313 − 206 ✓
527 − 355 ✓
720 − 690 ✓

d) 864 − 432
703 − 393
516 − 497

4

a) Bilde die Differenz von 1000 und 790.

b) Subtrahiere 299 von der Summe aus 200 und 100.

c) Die Differenz zwischen der Zahl und 400 ist 576.

d) Subtrahiere die Summe von 199 und 200 von 765.

e) Bilde die Differenz von 800 und dem Doppelten von 160.

f) Die Differenz zwischen der Zahl und 300 ist 357.

5

a) Die Differenz von zwei Zahlen ist 210. Die zweite Zahl ist 490.

b) Die Differenz von zwei Zahlen ist 250. Die zweite Zahl ist 130.

c) Die Differenz von zwei Zahlen ist 333. Die erste Zahl ist doppelt so groß wie die zweite Zahl.

3 ▪ Videoaufnahme: Erklärfilm aufnehmen, welche Aufgaben im Kopf und welche besser schriftlich gelöst werden können.
4, 5 Im Kopf oder schriftlich lösen. **5** Eigene Zahlenrätsel erfinden (KV s. Handr./BiBox). ▪ **Text-**
verarbeitung: Zahlenrätsel schreiben (Vorlage s. BiBox), lösen, für Kartei o. dig. Pinnwand nutzen.

Übungen

1 a) Subtrahiere schriftlich.

```
    9 8 7        8 7 6        7 6 5        6 5 4
  - 3 2 1      - 3 2 1      - 3 2 1      - 3 2 1
```

Die erste Zahl …

Die Differenz …

b) Wie verändern sich die Aufgaben? Beschreibe.
Schreibe zwei passende Aufgaben in dein Heft.

c) Finde die richtige Begründung für deine Beobachtung.

A Die Differenz wird um 111 größer, weil die erste Zahl immer um 111 größer wird.

B Die Differenz wird um 111 kleiner, weil die erste Zahl immer um 111 größer wird.

C Die Differenz wird um 111 kleiner, weil die erste Zahl immer um 111 kleiner wird.

2 Subtrahiere immer zwei Zahlen schriftlich. Rechne mindestens fünf Aufgaben.

1000   274   526   803   87   329   471

3 Schöne Ergebnisse

a) 589 − 256
602 − 269

b) 796 − 241
859 − 304

c) 904 − 127
892 − 115

d) 610 − 388
720 − 498

e) 835 − 391
604 − 160

4 Welche Aufgaben gehören zusammen?

```
4)   4 6 2 − 3 0 2 = 4 6 0 − 3 0 0
```

462 − 302

465 − 315

900 − 450

460 − 300

450 − 300

870 − 500

890 − 400

903 − 453

897 − 407

873 − 503

5 Aufgepasst! Einmal gibt es zwei Lösungen.

a) Die Zahl besteht aus drei aufeinanderfolgenden Ziffern. Wenn du sie von 850 subtrahierst, erhältst du 394.

b) Die Zahl hat drei gleiche Ziffern. Wenn du sie von 750 subtrahierst, erhältst du eine Differenz zwischen 300 und 400.

c) Die Zahl besteht aus den Ziffern 4, 1 und 8. Wenn du 222 subtrahierst, erhältst du eine Differenz zwischen 200 und 600.

d) Die Zahl besteht aus den Ziffern 2, 5 und 7. Wenn du 255 subtrahierst, erhältst du eine Differenz zwischen 300 und 400.

AH S. 25

5 Kopiervorlage zur Notation von Zahlenrätseln in der Handreichung/BiBox für Lehrer/-innen.

🖥 **Textverarbeitung:** Eigene Zahlenrätsel schreiben (Vorlage in der BiBox für Lehrer/-innen) und lösen, ggf. ausdrucken und eine Kartei in der Klasse erstellen oder für eine digitale Pinnwand nutzen.

➡ Wechsel ins Themenheft Sachrechnen und Größen, S. 19 möglich.

Übungen mit Ziffernkarten

1 Flex und Flo haben mit den Ziffernkarten 3 , 4 , 7 dreistellige Zahlen gelegt.
Flex subtrahiert die kleinste Zahl von der größten Zahl.
Rechnet die Aufgabe zu Ende.

2 a) Legt immer die größte und die kleinste dreistellige Zahl und subtrahiert.

    A 5 6 1   B 2 8 3   C 6 4 2   D 9 4 7

b) Schaut euch die Differenzen genau an.
Was fällt euch auf?

In der Mitte …

Wenn ich die Hunderter und die Einer …

3

Welche sechs verschiedenen
Ziffernkarten kann Flo legen,
damit die Differenz stimmt?

Wie viele
Möglichkeiten
findet ihr?

a)
    2 3 1

b)
    2 2 2

c)
    6 4 3

d)
    2 3 2

e)
    1 8 8

f)
    3 4 7

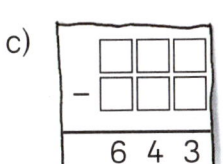   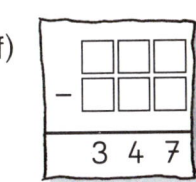 

4 Bildet aus diesen sechs Ziffernkarten zwei dreistellige Zahlen
und subtrahiert die kleinere von der größeren Zahl.
Findet Aufgaben mit einer Differenz
a) kleiner als 100,
b) zwischen 200 und 300,
c) größer als 400.

4 ▓ **Videoaufnahme:** Erklärfilm zu den Lösungsstrategien für die Aufgaben 4a, 4b und 4c
aufnehmen.

R7

57

Rechnen in Sachsituationen

Bundesjugendspiele – Punktetabelle

50 m Lauf

12,9	12,8	12,7	12,6	12,5	12,4	12,3	12,2	12,1	12,0	11,9	11,8	11,7	11,6	11,5	11,4	11,3	11,2	11,1	11,0	10,9	10,8	10,7	10,6	10
2	6	10	15	19	24	28	33	37	42	47	52	57	62	67	73	78	84	89	95	101	107	113	119	12

10,4	10,3	10,2	10,1	10,0	9,9	9,8	9,7	9,6	9,5	9,4	9,3	9,2	9,1	9,0	8,9	8,8	8,7	8,6	8,5	8,4	8,3	8,2	8,1	8,0
131	138	144	151	158	165	172	179	187	194	202	210	218	226	234	243	252	261	270	279	289	299	309	319	330

Weitsprung

1,33	1,37	1,41	1,45	1,49	1,53	1,57	1,61	1,65	1,69	1,73	1,77	1,81	1,85	1,89	1,93	1,97	2,01	2,05	2,09	2,13	2,17	2,21	2,25	2,2
1	9	16	24	32	39	46	54	61	68	75	82	89	95	102	109	115	122	128	134	141	147	153	159	165

2,33	2,37	2,41	2,45	2,49	2,53	2,57	2,61	2,65	2,69	2,73	2,77	2,81	2,85	2,89	2,93	2,97	3,01	3,05	3,09	3,13	3,17	3,21	3,25	3,2
171	177	183	189	195	201	206	212	218	223	229	234	240	245	251	256	261	266	272	277	282	287	292	297	302

3,33	3,37	3,41	3,45	3,49	3,53	3,57	3,61	3,65	3,69	3,73	3,77	3,81	3,85	3,89	3,93	3,97	4,01	4,05	4,09	4,13	4,17	4,21	4,25	4,2
308	313	317	322	327	332	337	342	347	351	356	361	366	370	375	379	384	389	393	398	402	407	411	416	420

Werfen

8,0	8,5	9,0	9,5	10,0	10,5	11,0	11,5	12,0	12,5	13,0	13,5	14,0	14,5	15,0	15,5	16,0	16,5	17,0	17,5	18,0	18,5	19,0	19,5	20,
2	10	18	25	32	40	46	53	60	66	73	79	85	91	97	103	109	114	120	125	131	136	141	146	152

20,5	21,0	21,5	22,0	22,5	23,0	23,5	24,0	24,5	25,0	25,5	26,0	26,5	27,0	27,5	28,0	28,5	29,0	29,5	30,0	30,5	31,0	31,5	32,0	32,
157	162	166	171	176	181	186	190	195	200	204	209	213	217	222	226	230	235	239	243	247	251	255	259	263

33,0	33,5	34,0	34,5	35,0	35,5	36,0	36,5	37,0	37,5	38,0	38,5	39,0	39,5	40,0	40,5	41,0	41,5	42,0	42,5	43,0	43,5	44,0	44,5	45,
267	271	275	279	283	287	290	294	298	302	305	309	313	316	320	323	327	331	334	338	341	345	348	351	355

1 Wie viele Punkte bekommen die Kinder?

a) Max braucht für 50 m 10,1 s.
b) Emma springt 2,65 m weit.
c) Ben wirft den Ball 25,5 m weit.

> 1 a)   1 5 1   Punkte

2 Wie viele Punkte bekommen die Kinder?

a) Esra wirft 18 m weit. Melina wirft 4 m weiter.
b) Finn läuft 9,4 s schnell.
   Elias braucht eine Sekunde länger.

3 Wer bekommt welche Urkunde?

a) Anna ist 9 Jahre alt. Sie hat 136 Punkte
   für das Werfen, 277 Punkte für das Springen
   und 119 Punkte für das Laufen bekommen.
b) Erkan ist 9 Jahre alt. Für das Laufen erhält er
   218 Punkte, beim Springen 245 Punkte
   und beim Werfen 217 Punkte.
c) Luis ist 10 Jahre alt. Er läuft 9,1 s schnell.
   Beim Weitsprung schafft er eine Weite von 3,17 m.
   Luis wirft den Ball 28 m weit.

	Sieger-urkunde	Ehren-urkunde
8 Jahre	ab 450	ab 575
9 Jahre	ab 525	ab 675
10 Jahre	ab 600	ab 775
11 Jahre	ab 675	ab 875

4 Wie viele Punkte fehlen

a) zu einer Siegerurkunde?
b) zu einer Ehrenurkunde?

Sophia	Mia	Berat
9 Jahre	10 Jahre	10 Jahre
478 Punkte	521 Punkte	513 Punkte

Vorherige Bearbeitung Themenheft Sachrechnen und Größen, S. 4-10 empfohlen.

Rechnen in Sachsituationen

1 Wie weit müssen die Kinder mindestens werfen, um

a) eine Siegerurkunde zu erhalten?
b) eine Ehrenurkunde zu erhalten?

```
Sabia
10 Jahre
Laufen      158 Punkte
Springen   322 Punkte
```

```
Lina
10 Jahre
Laufen      165 Punkte
Springen   337 Punkte
```

```
Frieda
9 Jahre
Laufen      144 Punkte
Springen   266 Punkte
```

2 Danilo hat eine Siegerurkunde.
Elif hat eine Ehrenurkunde.
Beide sind 10 Jahre alt.
Wie schnell könnten sie gelaufen sein?
Wie weit könnten sie gesprungen sein und
geworfen haben?

3 a) Rechne die Gesamtpunktzahl aus und ordne nach den Punkten.

```
Mohamed
Laufen      9,7 s
Springen    2,65 m
Werfen      21 m
```

```
Simon
Laufen      10,0 s
Springen    2,77 m
Werfen      18,5 m
```

```
Jonas
Laufen      9,5 s
Springen    2,45 m
Werfen      19,5 m
```

b) Wie viele Punkte hat der Erste mehr als der Zweite?
c) Wie viele Punkte hat der Erste mehr als der Dritte?

4 Aufgepasst! Klara ist 9 Jahre alt. Sie hat 34 Punkte mehr,
als sie für eine Siegerurkunde braucht. Wie weit ist sie gesprungen?

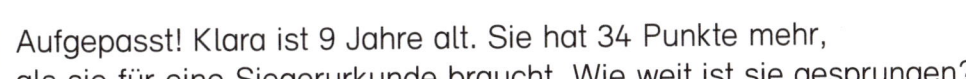

5 Laura wirft 12 m weit. Mira wirft 7 m weiter.
Wie viele Punkte bekommt sie mehr als Laura?

6 Ole läuft 10,6 s schnell.
Matteo ist eine Sekunde schneller.
Wie viele Punkte bekommt er mehr als Ole?

4 Hier handelt es sich um eine Kapitänsaufgabe.

Entdecken und knobeln

 1

a) 37 ist die Hälfte der Zahl.

b) Die Hälfte der Zahl ist das Doppelte von 12.

c) Zwei aufeinander folgende Zahlen ergeben zusammen die Zahl 99.

2 Für welche zweistelligen Zahlen stehen die Buchstaben?

$X + Y = 90$
$X - Y = 10$

2)	X =
	Y =

3 a) Verschiebe ein Plättchen von der Einerstelle zur Zehnerstelle. Wie verändert sich die Zahl?

T	H	Z	E

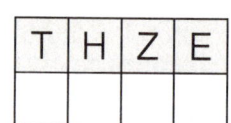

Die Zahl wird um ...

b) Vervollständige den Satz in deinem Heft.

Damit eine Zahl um 99 größer wird, muss man ein Plättchen von der ...-stelle zur ...-stelle umlegen.

4 Welche Zahlen können es sein?

a)
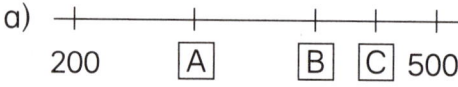
200 A B C 500

b)

100 A B C D 1000

c)
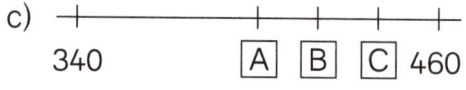
340 A B C 460

d)
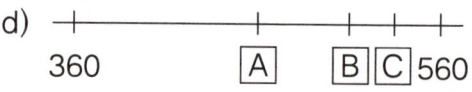
360 A B C 560

60

1 Die Aufgabe eignet sich im Anschluss an Seite 5.
2 Die Aufgabe eignet sich im Anschluss an Seite 9.
3 Die Aufgabe eignet sich im Anschluss an Seite 17.
4 Die Aufgabe eignet sich im Anschluss an Seite 21.

5 Wahr oder falsch? Erkläre.

a)
Die größte Quersumme einer dreistelligen Zahl ist 19.

b)
Es gibt zehn dreistellige Zahlen mit der Quersumme 4.

Die Quersumme von 234 ist 9, denn $2 + 3 + 4 = 9$.

| 2 | 3 | 4 |

6 a) Setze die Aufgabe $420 + 30$ fort. Schreibe drei weitere Aufgaben auf.

Die zweite Zahl wird immer um 20 größer.
Die Summe wird immer um 10 größer.

b) Wie verändert sich die erste Zahl?

7 a) Setze die Aufgabe $630 - 70$ fort. Schreibe drei weitere Aufgaben auf.

Die erste Zahl wird immer um 10 größer.
Die Differenz wird immer um 10 größer.

b) Wie verändert sich die zweite Zahl?

8 Welches Zeichen musst du einsetzen: +, −?

a) 430 ▣ 50 ▣ 20 = 500 ▣ 50 ▣ 10

b) 820 ▣ 60 ▣ 30 = 650 ▣ 60 ▣ 20

c) 240 ▣ 80 ▣ 60 = 300 ▣ 10 ▣ 90

d) 680 ▣ 40 ▣ 70 = 910 ▣ 80 ▣ 40

9

```
  □ 2 □
+ □ □ □
───────
  8 8 8
```

| 1 | 3 | 4 | 5 | 6 | 7 | 8 | 9 |

Welche fünf Ziffernkarten kannst du legen, damit die Summe stimmt?
Nutze jede Ziffernkarte in jeder Aufgabe nur einmal.
Es gibt acht verschiedene Aufgaben.

5 Die Aufgabe eignet sich im Anschluss an Seite 24. 6 Die Aufgabe eignet sich im Anschluss an Seite 28. 7 Die Aufgabe eignet sich im Anschluss an Seite 30. 8 Die Aufgabe eignet sich im Anschluss an Seite 39. 9 Die Aufgabe eignet sich im Anschluss an Seite 48.

Fachwörter und Redemittel

Zahlen bis 1000

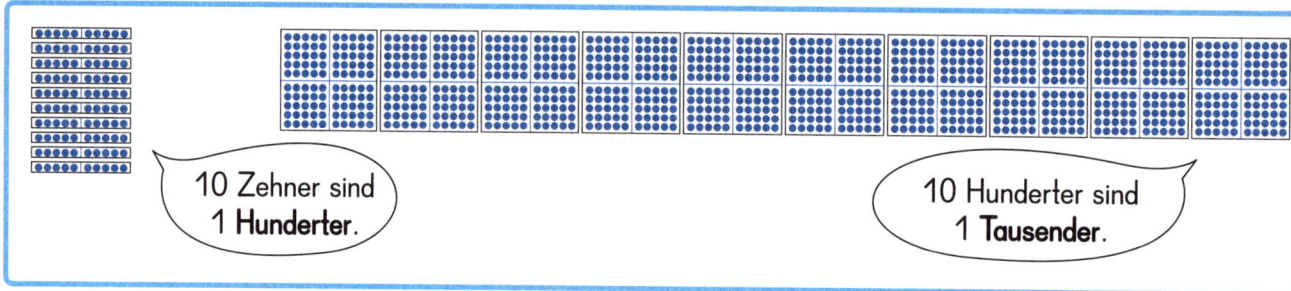

10 Zehner sind
1 **Hunderter**.

10 Hunderter sind
1 **Tausender**.

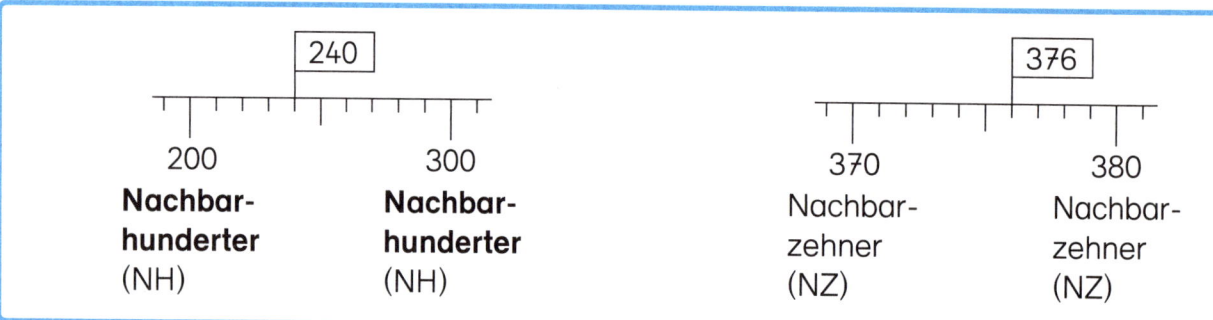

240

200   300
Nachbar-   **Nachbar-**
hunderter   **hunderter**
(NH)   (NH)

376

370   380
Nachbar-   Nachbar-
zehner   zehner
(NZ)   (NZ)

H	Z	E
	4	5

45 ist eine **zweistellige** Zahl.
Zehnerstelle und Einerstelle
sind belegt.

H	Z	E
3	8	6

386 ist eine **dreistellige** Zahl.
Hunderterstelle, Zehnerstelle
und Einerstelle sind belegt.

Addieren und subtrahieren

addieren

$15 + 6 = 21$

Summe

subtrahieren

$36 - 8 = 28$

Differenz

140 + 70

$140 + 70 = 210$
$140 + 60 = 200$
$200 + 10 = 210$

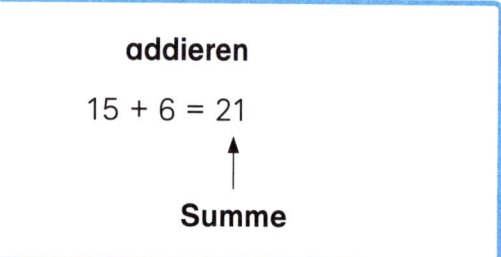

Erst plus 60,
dann plus 10.

Erst bis
zum Hunderter,
dann weiter.

320 − 50

$320 - 50 = 270$
$320 - 20 = 300$
$300 - 30 = 270$

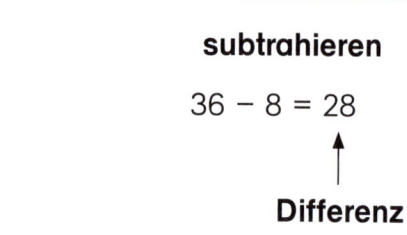

Erst minus 20,
dann minus 30.

Erst zurück
zum Hunderter,
dann weiter.

ddieren und subtrahieren dreistelliger Zahlen

460 + 390		**530 − 290**

$$460 + 390 = 850$$
$$460 + 300 = 760$$
$$760 + 90 = 850$$

$$530 - 290 = 240$$
$$530 - 200 = 330$$
$$330 - 90 = 240$$

Erst plus 300, dann plus 90.

Erst die Hunderter dazu, dann die Zehner.

Erst minus 200, dann minus 90.

Erst die Hunderter weg, dann die Zehner.

chriftlich addieren und subtrahieren

Stellengerecht untereinander heißt:
Einer unter Einer,
Zehner unter Zehner,
Hunderter unter Hunderter.

H	Z	E
3	4	2
+ 6	1	5
9	5	7

Hier gibt es einen **Übertrag**.

H	Z	E
4	3	8
+ 2	5	4
	1	
6	9	2

Hier gibt es zwei **Überträge**.

H	Z	E
5	6	8
+ 2	4	5
1	1	
8	1	3

Ein **Überschlag** (Ü.)
ist nah an der Aufgabe und
leicht im Kopf zu rechnen.

$442 + 297 = \underline{}$

Ü.: $450 + 300 = 750$

$682 - 347 = \underline{}$

Ü.: $700 - 350 = 350$

Mit einer **Probe** (P.)
wird das Ergebnis
kontrolliert.

P.:
5	3	3
+ 2	1	3
7	4	6

7	4	6
− 2	1	3
5	3	3

P.:
7	4	6
− 5	3	3
2	1	3

MATERIALIEN FÜR
SCHÜLERINNEN UND SCHÜLER

Addieren und Subtrahieren 3 978-3-14-118210-1
Multiplizieren und Dividieren 3 978-3-14-118211-8
Geometrie 3 978-3-14-118212-5
Sachrechnen und Größen 3 978-3-14-118213-2

Lernpaket 3
4 Themenhefte + Beilagen 978-3-14-118214-9
BiBox für Schüler/-innen WEB-14-118229

ZUSATZMATERIALIEN
Arbeitsheft 3 978-3-14-118217-0
Trainingsheft 3 978-3-14-118246-0

Themenhefte inklusiv C
Addieren und Subtrahieren (C) 978-3-14-118419-8
Multiplizieren und Dividieren (C) 978-3-14-118420-4
Geometrie (C) 978-3-14-118421-1
Sachrechnen und Größen (C) 978-3-14-118422-8

Lernpaket inklusiv C
4 Themenhefte + Beilagen 978-3-14-118418-1

MATERIALIEN FÜR
LEHRERINNEN UND LEHRER

Handreichung 3 978-3-14-118219-
BiBox für Lehrer/-innen 3, *Einzellizenz* WEB-14-11823
Kollegiumslizenz WEB-14-11823

Kopiervorlagen 3 978-3-14-118236-
Förder-Kopiervorlagen 3 978-3-14-118238-
Forder-Kopiervorlagen 3 978-3-14-118240-
Lernwege-Karten 3 978-3-14-118243-
Diagnoseheft 3 978-3-14-118233-
Entdeckerkartei 3 978-3-14-118245-

10 Sätze Hunderter, Zehner, Einer 978-3-14-118270-